U0640632

中华先烈人物故事汇

黄公略

军事科学院解放军党史军史研究中心

学习出版社

中华先烈人物故事汇《黄公略》编委会

目 录
Contents

引 子

"六月天兵征腐恶，万丈长缨要把鲲鹏缚。赣水那边红一角，偏师借重黄公略。"这是 1930 年 7 月，毛泽东在赣西南写下的词《蝶恋花·从汀州向长沙》中的上阕，真实再现了当时赣西南地区在黄公略带领和经营下红红火火的革命氛围，讴歌和肯定了黄公略的不朽伟绩。

黄公略，原名家杞，字汉魂，1898 年 1 月 24 日生。湖南省湘乡县（今湘潭市湘乡市）桂花乡高模冲人。黄公略家境较殷实，自幼聪颖，记忆力强，喜读兵书，疾恶如仇。

1913 年，黄公略考入双峰高等小学堂读书。在校期间，他接受了一些进步的思想，目睹帝国主义瓜分中国，国势日危，民不聊生，忧国忧民之心油然而生，渴望找到一条救国救民道路。

1915 年年底，黄公略投入湘军，因反对军阀混战，参加士兵请愿，与彭德怀相识。其间，与彭德怀等人秘密组织"救贫会"，树起救国救民旗帜，并制定了章程。1922 年与彭德怀一起考入湖南陆军讲武堂，毕业后回原部队任副连长、连长等职。

1926 年 7 月，北伐军攻克长沙，黄公略开始了解共产党和马列主义。1927 年，黄公略在黄埔军校高级班学习。不久，四一二、七一五反革命政变相继发生，黄公略更进一步认清了蒋介石、汪精卫之流的反革命本质，于 1927 年 12 月参加广州起义，后加入中国共产党。

1928 年 3 月，黄公略应彭德怀邀请，回到原部队湘军独立 5 师任随营学校校长。7 月，因身份暴露，黄公略与彭德怀等人举行平江武装起义，组建红 5 军，先后任第 4 团党代表、第 2 大队大队长、第 2 纵队纵队长。

1929 年春，黄公略任湘鄂赣边支队支队长、湘鄂赣边特委军委主任和军事部部长，率部先后组织了毛田暴动、鲁家湾暴动、老乌墩暴动和金坑暴动，取得多次游击战胜利。他还编写了《论游击战术》作为训练教材。9月，黄公略任红5军副军长，率部与敌作战10余次，无役不胜。后率部向南游击，12月中旬到达湘赣边区的永新、遂川一带。

1930年1月，黄公略任红6军军长，主要在赣西南一带开展游击战争，部队纪律严明，战斗力强，使赣西南苏区的革命热情高涨，呈现一派欣欣向荣的景象，被毛泽东誉为"赣水那边红一角，偏师借重黄公略"。7月，红6军改编为红3军，黄公略仍任军长。在奇袭文家市的战斗中，红3军打主攻，在兄弟部队的配合下取得红一军团成立后的第一次大捷。在中央苏区第一次反"围剿"作战争，黄公略旗帜鲜明地支持毛泽东"诱敌深入"的战略方针，三献妙计，并在龙冈战斗中率部担任正面攻击的任务，为全歼敌18师、活捉张辉瓒立下了汗马功劳。

1931年年初，蒋介石为破坏红军内部团结，通过关押黄公略的家人、报纸造谣、派亲哥哥当说客等手段企图策反黄公略。黄公略立场坚定，毫不动摇，大义灭亲，彻底粉碎了敌人的策反阴谋。在中央苏区第二次反"围剿"中，黄公略率部秘密设伏围歼敌 28 师，被毛泽东赞为"枪林逼，飞将军自重霄入"。在中央苏区第三次反"围剿"中，黄公略率红 3 军独战老营盘，展现了精湛的指挥艺术，为粉碎第三次"围剿"发挥了重要作用。随后黄公略奉命率部由西向东转移到瑞金、石城、于都、宁都地区，以便消灭革命根据地内残存的白色据点和"土围子"，使根据地完全连成一片。

1931 年 9 月 15 日，黄公略率部行军至东固附近的六渡坳时，突遇敌机袭击，不幸身中数弹，英勇牺牲，年仅 33 岁。

黄公略的一生虽然短暂，但他终生都在追求救国救民的真理，始终爱党信党跟党走，把共产主义事业作为自己人生的最高追求，依靠坚定的理想信念和坚强的革命意志，战胜了革命道路上难以想象的诸多艰难困苦，战功卓著，为中国革命的胜利作出了重大的贡献。黄公略矢志不渝的革命精神、顽强的战斗作风和坚定的理想信念，是我们每一位共产党员、有志青少年学习的楷模和榜样。

聪颖勇敢少年

村里有个"公平哥"

　　湖南省湘乡县桂花乡有一座老虎山，山下有个叫高楼冲的小村庄，因山清水秀，宛若仙境，且地处偏僻，即使外界战乱频繁，也极少殃及此地，被当地人称为"桃源乐洞"。村里依山傍水建有一栋长长的屋宇，土墙木桩，"人"字屋顶，青瓦翘檐，十分秀丽。房屋的主人叫黄秀峰，早年考秀才未中，便绝意仕途，在此处结庐数间，耕读自娱，兼教蒙馆为生，生活亦算小康。

　　1898年1月24日，41岁的黄秀峰喜添一位小公子，令黄家十几口人高兴万分，宗亲好友竞相前来庆贺。黄秀峰夫妇乐得大办酒席，宴请宾客。虽然房屋中的欢笑声、爆竹声一浪高过一浪，襁褓中的初生婴儿也不示弱，高声啼哭。这哭声清脆，盖过爆竹声。见此情景，宾客纷纷进献吉言。有的说："这满崽（湖南方言，即最小的儿子）声如虎啸，是屋后的老虎山显灵了。"有的说："这小伢崽气旺过人，将来必声震四海。"根据黄家族谱，新生婴儿属"家"字辈，父亲给他取名为家杞，字汉魂。那个时候，有文化的人很少对人直呼其名的，一般多称字或号，故父母唤他"汉魂"。

黄汉魂有３个哥哥，均是父亲前妻左氏所生，大哥黄梅庄，二哥黄星远，三哥黄麟四。自己的生母彭氏，原是黄家丫头，左氏去世后，由父亲继娶，粗识文字，为人勤俭朴实，因出身低微，在黄家没有地位，非常同情贫苦百姓的遭遇。

黄汉魂自幼聪颖，记忆力强，点子多，读过的书能背诵如流，且诚实正直，性情刚烈，不畏强暴。７岁时，由父亲教读《三字经》启蒙识字，读四书五经。父亲对聪慧的汉魂寄予厚望，要求特别严格。

有一次，父亲要外出，临走时，把汉魂叫到

身边，叮嘱道："汉魂，一会儿我出去见个亲戚，你在家读《论语》，在我回来前必须把前5章背熟。记住，不许贪玩。"

汉魂虽然对孔夫子那一套"子曰：学而时习之"不感兴趣，但记性好，一读两背，就把父亲规定的文字背熟了。此时，和他要好的小伙伴们在他家屋外的水塘边吹着口哨，喊着："汉魂，出来玩啦！大家都等你呢！"

汉魂心想，书已经背熟了，父亲又不在家，何不出去玩玩呢？于是，他三蹦两跳地出了门，与小伙伴们在水塘对面的树林里做游戏，爬到树上捉知了，玩得不亦乐乎。接着，几个小伙伴又光着屁股跳进水塘里，玩起打水仗，你拍打过来，我拍打过去，好不热闹。玩得正带劲时，一个小伙伴喊道："汉魂，不好啦！你爸回来啦！"汉魂不由心里一紧，往家里一望，父亲正站在家门前的岩坎上不动声色地看着他。汉魂赶紧爬上岸，提着裤子就往家里跑。

父亲板着个脸跟在后面，一言不发。进了屋，汉魂便自觉地跪在祖宗神位前的蒲团上，等待父亲的惩罚。父亲扬起巴掌，向着蒲团上的小屁股打去，手举到了半空又收了回来，他舍不得打这个宝贝儿子，转而厉声骂道："没出息的东西！我吩咐你做的事完成了吗？"汉魂跪在蒲团上，随口把《论语》中的前5章一字不差地背了一遍，父亲一边听汉魂背诵，一边摇头晃脑，脸色逐渐变得平和起来。

有一天，黄汉魂同村里的小伙伴们到山边的小河沟里去玩耍，无意间发现有很多的小鱼虾。于是他们赶的赶、围的围，不一会儿就抓了很多。可是，在分鱼虾时，小伙伴们却吵了起来，有的嫌分得不均，有的嫌分得太小。黄汉魂站到大伙中间，大喝一声："别吵了！我来给大家分。"于是，他让大家把鱼虾集中在一起，先按人数一堆一堆地分匀，然后按年龄大小，从小的拿起，自己最后一个拿。他是有意让自己吃亏，把分量少的留给自己。这样分，大家都非常高兴，称黄汉魂为"公平哥"。

黄汉魂分鱼虾这件事被他大哥黄梅庄知道了，大哥把黄汉魂臭骂了一顿，骂他傻。黄梅庄从来不待见这位弟弟，在黄汉魂面前总是盛气凌人，常常以长者的口气教训他，有时还在背地里踢他、拧他。这回，汉魂很不服气，认为自己没有错，便与大哥吵了起来。黄梅庄冷不防走上去拧了一把他的耳朵，骂他："傻宝崽，后娘养的蠢货！"汉魂虽然又疼又气，却没对大哥说一句软话，耳边又响起了母亲经常对自己说的"吃得亏，坐一堆""亏人是祸，亏己是福"的做人道理。

黄公略名字的由来

1908 年，黄汉魂 10 岁时，进入本村峒山庙小学堂读书。平时，黄汉魂最喜欢听父亲讲故事，黄秀峰也善于谈古论今，他把国事和家事融合到一起，讲历朝历代的故事和风云人物，启发黄汉魂的思想。

有一天，父亲拿出"二十四史"中的《南史》让黄汉魂看。汉魂翻到《黄法氍列传》这一篇，大声读了起来："黄法氍字仲昭，巴山新建人也。少劲捷有胆力，日步行二百里，能距跃三丈。颇便书疏，闲明簿领，出入州郡中，为乡间所惮。"读着读着，他不仅被书中的人物故事所吸引，也被书中妙笔横生的文采所折服。史书为他打开了知识与智慧的宝库。

从此以后，黄汉魂只要一有空就到父亲书房里翻看史书。有一次，他拿起一本线装本的《史记》看，看着看着，就被司马迁笔下那些呼之欲出的神奇人物深深吸引了。特别是在读《留侯世家》时，张良遇见黄石公的神话般的故事，带他穿越时空，让他有一种身临其境般的感受。由此，他成了黄石公的超级粉丝。

第二天，汉魂和村里的小伙伴们在屋后的白竹山做"抢坐坐"的游戏。游戏前，大家习惯用"锤子剪刀布"猜拳的办法，赢的人各抱一根大楠竹，最后一个输家立于圈中。游戏开始后，抱楠竹的人相约交换位置，并故意逗引输家来抢位置。输家要眼明腿快，看准可乘之机去抢座位。失去竹子的为新的输家。输家要受罚，或唱个山歌，或学鸡狗叫，或讲个故事等，怎么罚则由大家来确定。什么都不会的，就给别人当马骑。罚完后，游戏重新开始。

汉魂在游戏中走了神，位子还没交换几次，就被圈中的输家抢走了。汉魂第一个受罚。小伙伴要他讲个故事。

这一个罚项并没有让黄汉魂为难。他想了想，刚才走神就是因为看到山坎上有块圆滚滚的黄石，让他联想到昨天在《史记》中读过的《留侯世家》那篇文章，想起那里面张良遇黄石公的非常神奇的故事。于是，他声情并茂地讲了起来：

"很久很久以前，有个皇帝，叫秦始皇。他欺负弱小，把周围几个小国家都吃掉了。其中一个小国叫韩国。韩国有个少年郎叫张良。张良看到自己的国家被秦国灭亡了，心里很难过，决心要报仇。于是，张良花了很多的钱，买了一名刺客，去暗杀秦始皇。结果，没有成功，刺客被捉，供出了张良。"

"这个笨蛋！"有人气愤地骂道。

"事情败露，张良遭到朝廷通缉。于是，张良隐姓埋名，流亡到江苏一个叫下邳的地方。他每日除了帮人干活混口饭吃外，有时间就习文练武，盼望有报仇的那一天。他时常到附近一座桥上，来来回回地走。"

"他要投河呀？"有人着急。

"他仇还没报，怎么会投河？"汉魂纠正后继续讲故事："有一天，张良正低着头在桥上走着的时候，迎面碰到一位身穿破烂衣裤、脚穿一双红鞋的老人。老人故意把一只鞋子抖入桥下河水中，要张良下河去帮他捡鞋。张良很生气，想不理睬这老头。可是看到老头那可怜的样子，便耐着性子，下河去把那只鞋子捡了上来。可是，老人却要张良帮他把鞋穿上。张良又一次看在他可怜的面上，忍耐着帮老人穿好鞋。这样，老人高兴地笑了，接着又高高兴兴地走了。张良觉得这老头好奇怪，就站在桥上一直望着老头走远。谁知这老人走出里把路又走了回来。他对张良说：'孺子可教矣！5天之后的黎明在这里与我会面。'说完，一阵风地走了。"

"乖乖！不会是神仙吧？"有人好奇。

"张良也感觉很奇怪，5天之后，张良起了个大早，走到桥上发现老人已比他先到了。老人不高兴，走了，约定再过 5 日来桥上会面。又 5 日，张良鸡叫就去，结果还是落在老人之后，老人怒气冲冲地走了，再约 5 日后会面。又 5 日，张良半夜就去，终于比老人先到桥上。老人高兴了，从宽大的衣袖中掏出一本书，送给张良，说'你读了这部书就可以做帝王的老师了。再过 10 年，将会兴兵起事。过 13 年，你将在济北见到我，谷城山下的黄石就是我的化身'。说完，一阵风起，老人飘然而去。"

"张良得到那本书，急急忙忙地跑回家。等天亮以后，张良打开书一看，上面写着《太公兵法》。太公，你们知道太公是谁吗？"

多数人摇摇头。

有一个人说："我听过《姜太公钓鱼》的故事，他的钓钩是直的。"

"对，就是那个姜太公。张良每日捧着书，认真细读，逐渐领略了兵法要旨。后来果真做了汉朝开国皇帝刘邦的老师，辅佐刘邦消灭秦朝，统一了天下。事情也巧得很，13 年后，张良恰好跟随刘邦经过济北，在谷城山下，果然看到一块黄石。张良认为这事真神呀！于是把那块黄石取回，视为那桥上老人的化身，作为神灵供奉起来。直到后来张良死了，还要同那块黄石合葬在一起。"

"好听！好听！"小伙伴们好高兴。接着又继续做游戏。

黄汉魂没有心思玩了，满脑子都是黄石和《太公兵法》。他快步跑回家，一进屋就问父亲要《太公兵法》这本书。

父亲并没有这本书，便对儿子说："听古人说，《太公兵法》就是流传至今的《六韬》，写书的人就是那个用黄石作化身的桥上老人。他为什么要借重太公的名呢？就是想以伪托先圣先贤行世，得以流传；同时又可以隐藏自己，免遭横祸。后来，借着张良的这个神奇故事，黄石公又出了名，被称为神人。于是，又有人借用黄石公的名字编兵书。最早托名黄石公写兵书的，竟是一个皇帝，即汉朝的光武帝刘秀，书名叫《黄石公记》。后来不断有伪托的，书目达 20 种之多。因书中多半是讲兵法'三略'，即上略、中略、下略，后来就变成了《黄石公三略》。你看，一个黄石公出了名，就引出那么多兵书来。虽然名字是伪托的，但内容是货真价实的。我这里正好有一本《黄石公三略》，你拿去好好读读吧。"

黄汉魂自从拿到《黄石公三略》，就好像走火入魔一样，天天有空就捧着看，连吃饭都不肯把书放下。不久，他决定改名黄石，号公略，就是取自书中的黄石、公略。自此，大家都开始叫他黄公略。

不畏强暴的少年"好汉"

黄公略十三四岁时，已成长为一个疾恶如仇、伸张正义的少年。有一天上午，是乡里赶集的日子，一位少妇手挽一篮鸡蛋走上桥，被几个背着枪在桥上设关卡的乡公所税警拦住，要抽她的百货捐。乡民们很讨厌这些强拿硬要的税警，背地里管他们叫"黑老鸭"，因为他们穿的是黑制服。少妇申辩说，她是回娘家去看望卧病在床的老娘，不是去赶集的。税警哪里肯听，抢篮的、搜身的，蜂拥而上。一个不怀好意的家伙还在她身上捏捏摸摸的不肯松手。那少妇又气又羞，大声哭骂："你们这些不得好死的'黑老鸭'，不能这般欺负人呀！"

有位过路的老大爷赔着笑帮少妇说了句公道话，求税警高抬贵手，放少妇走算了。"啪"的一声，一个镶金牙的税警一耳光打在老大爷的脸上："老不死的，关你屁事，滚！"

"住手！"突然，一个少年大吼一声冲上桥来。他两手叉腰，横在少妇和"黑老鸭"之间。

"堂堂五尺男子，欺负一个弱女子和一个老爷爷做什么？有本事，就找对手去打！"少年大声道。

这半路杀出个"李逵"来，起初的那一声吼，倒也让"黑老鸭"们吃了一惊。可仔细一打量，面前的还是个小孩子，貌不出众，神不惊人，一身土里土气的青布衣裤，罩着个瘦小的身子，好叫荷枪实弹的税警看不起眼。镶金牙的税警不耐烦地用枪托推开他，轻蔑地嚷道："滚滚滚！老子办公事，小崽子懂什么？"

"我懂路见不平，拔刀相助，你懂什么？你就会欺负良民！"少年毫不示弱。

这少年正是黄公略。他平时最佩服书里那些路见不平、拔刀相助的英雄好汉，今天遇到了不公平的事，他必须要"好汉"一回。

"嘿嘿！想不到你巴掌大小的屁孩儿，嘴还这么硬。老子今天就要教训教训你。"镶金牙的税警咬着金牙蹦出这几个字来，举起枪托就朝黄公略打来。黄公略早有提防，一退三跳，拉开了迎战架势。

少妇急了，喊道："小兄弟，快跑！莫惹事啦！"

黄公略一点也不怕，他带着金牙税警兜圈子，故意往石板桥边上退。枪托左来右躲，右来左让。金牙税警打不着，恼羞成怒，嘴里嘟囔道："老子不信今天对付不了这个小崽子。"于是"啪啪啪"不停地用枪托往前冲打。黄公略退到恰当处时，看准机会，两手接住金牙税警打过来的枪托，顺势往后一拉，那金牙税警由于惯性往前一冲，掉下河

去了。

"小兄弟，快跑！"少妇拖着黄公略过了桥。

"大姐，你快走吧！快回家去。我不要紧的。你快走，我把他们引到山上去。"黄公略显得很老练，不慌也不怕。

几个"黑老鸦"败在一个小孩子手下，哪里肯依。"站住！老子开枪啦！"几个税警跑下河去救金牙税警时，黄公略早已脱身向大山里跑去，一会儿就不见了踪影，气得后面的几个"黑老鸦"直骂娘，却又无可奈何。

1913年春，黄公略考上了双峰高小。双峰高小是当时一所比较进步的学校，风气比较开放，教学内容除国文外，还有自然科学和西方社会学说方面的知识。黄公略在这里不仅扩大了视野、增长了见识，还接受了一些西方民主主义的思想。他兴趣广泛，接受能力强，各门功课成绩都很突出。尤其是国文和图画方面，在同学中堪称佼佼者。他目睹当时帝国主义对中国侵略步步加深，中华民国有名无实，常常怀有忧国忧民之心。但是，他并不悲观。他相信社会终会进步，国家终会富强。

黄公略到双峰高小读书的这一年，正是辛亥革命后，南北议和的表面平静过后风波再起的一年。1913年3月20日，国民党的核心人物宋教仁在上海火车站被暗杀。6月，袁世凯出兵南下，孙中山、黄兴被迫起来进行"二次革命"，应战袁世凯。接着，孙中山、黄兴被定为"暴徒"遭通缉，再度流亡到国外。10月6日，国会正式选举袁世凯为大总统。为求得列强的承认，袁世凯不惜丧权辱国，任凭帝国主义掠夺瓜分中国。在学校一边读书一边热心关注国家大事的黄公略得知这些消息后，为孙中山的失败而惋惜，也恨死了袁世凯。

　　有一天，黄公略在学校图书馆看到报纸上披露宋教仁被杀一案的真相，原来是袁世凯指使他的亲信、内阁总理赵秉钧干的。这一消息气得黄公略咬牙切齿。他回到寝室，在自己的小本本上，不停地写着：

　　　　袁可恼，真可恼，

　　　　可恼可恼真可恼！

可恼！可恼！

可恼！可恼！真可恼！

······

然而，这事却被一个喜欢讨好的同学报告了校长。

不久，黄公略被校长传去问话。

校长是个拥袁人物，问黄公略："有人看见你写了很多'袁可恼'，有这样的事吗？"

黄公略理直气壮地承认："有！"

校长明知故问："袁可恼指的是谁？"

黄公略大声说："指世人都骂的袁世凯！"

校长生气了，直问黄公略："袁大总统有什么不好？"

黄公略怒火中烧，在校长面前历数起袁世凯的罪过来。校长急忙制止，不让黄公略说下去，并威胁黄公略说："校方本当开除你，量你年小初犯，不予追究。如不听校方教导再犯，你将被开除。"

此后的一天，黄公略在校园的墙报上画了一幅漫画。画中有一只圆圆的大饭桶，桶里盛满了饭，饭桶四周许多苍蝇在飞来飞去。画的左上角写着"大饭桶"3个字。有同学不解其意。黄公略解释说："袁世凯当选为大总统没几天就下令解散国民党，不干好事，这圆圆的大饭桶，就代表'袁大总统'，那些乱舞的群蝇，就是选他当大总统的那帮走卒国会议员们，还有那个到校长面前打小报告的人。"

此话又很快传到校长那里，黄公略立马就被校方开除了。他愤愤不平地回到家乡，父亲只好安排他在私塾教起了学生。黄公略表面平静，内心却汹涌澎湃，开始更多地关心起国家大事来，尤其是受到从保定军校归来的二哥黄星远的影响，更加坚定了黄公略"国家兴亡，匹夫有责"的报国志向。

踏入戎马生涯

与彭德怀相识

　　1914年，黄公略的二哥黄星远和父亲黄秀峰因病先后逝世，黄家陷入了极大的悲伤。1915年5月，袁世凯接受了日本提出的旨在灭亡中国的"二十一条"，更是在黄公略伤痛的心中增添了更多的愤怒。同年秋，为寻找救国之路，黄公略泪别老母，离开家乡来到长沙，在堂叔黄鹏轩的引荐下加入了湘军，被安排在陆军第2师3旅6团1营营部当士兵。

　　可是，一年两年过去了，眼前出现的杂乱无序的社会现状让黄公略还是感到迷茫。辛亥革命后，全国政治格局分成南北两派，南方是孙中山的势力，北方是袁世凯的势力。湖南地处南北之间，成为双方拉锯的战场，湖南头面人物都学会了见风使舵，有的投靠袁世凯，有的效忠孙中山。

1917年夏，拥护北洋军阀的湖南督军傅良佐掌权湖南。这年冬，倾向孙中山的程潜组织湘军发起了反抗和驱除傅良佐的浪潮，黄公略所在的2师也卷入其中，并爆发了一场驱除北洋军阀派师长陈复初的兵变。原来，2师也分成两派，师长陈复初是反对孙中山的，旅长陈嘉佑、团长鲁涤平是拥护孙中山的。受旅长陈嘉佑、团长鲁涤平的暗中指使，各连各营选出士兵代表，集中到师部请愿，要求师长下台。

黄公略是参加请愿的士兵代表之一。当他与6团1营的士兵代表集中到常德县城营部时，团长鲁涤平让他的副官到士兵中进行鼓动，说我们的兄弟师湘军第1师在衡山一带与傅良佐的北洋军阀发生激战，大受损失，这是陈师长勾结傅良佐干的，他想投靠北洋军阀往上爬。这一消息立即引起了代表们的强烈反响，他们个个义愤填膺："我们不给北洋军阀的走狗卖命！""陈复初下台！"的呼声此起彼伏。

就在这时，代表中有人大喊了一声："走！找陈复初算账去！"这喊声很有号召力，大家纷纷响应，跟随着向师部拥去。黄公略跟在人群中，主动跑到那个领头的代表身边，说道："这位兄台，你好！我是营部的黄石，号公略。请问你怎么称呼？哪个连的？"

"彭得华（后于1922年改名彭德怀），大号石穿，1连2班。"

"我家在湘乡桂花乡，1898年1月生人。你家居何处？贵庚？"

"湘潭乌石寨，和你同年，10月生。"

彭德怀觉得黄公略说话有些文绉绉的，反问："我当兵是为了混口饭吃，为了不被饿死冻死。你一个秀才当兵又是为了什么呢？难道家里也没吃没穿的？"

黄公略答："不被饿死冻死也可能不得好死，一旦国家都被卖国贼卖光了，我们谁都难免受辱而死。"

两人聊了起来，而且还很投机。交谈中，

黄公略得知彭德怀家境贫寒，务农为生。为了生存，1916年3月投军，每月5块5毛钱的饷银，还要寄3块回家，以勉强维持祖母、父亲和弟弟的生活。黄公略非常喜欢彭德怀直率豪爽的性格。

彭德怀也很喜欢黄公略，认为他文静谦和，很有学问。在相处的几天里，彭德怀见黄公略有空就看书，几乎书不离手。

有一天，代表们在宿舍里议论时事。黄公略手里拿着一本《新青年》杂志，给大家念了陈独秀的一篇文章《时局杂感》。文章指出孙中山是不愿与军阀同流合污而失败。失败是他的荣誉，而不是他的耻辱。黄公略借题发挥说："这说明孙中山没有自己的军队。他依靠的是西南的小军阀。而这些肯一时依附他的西南小军阀，只不过是借孙中山的威望，企图在与北洋军阀抗争中扩大自己的势力，扩大自己的地盘。我们今天反了一个陈复初，可能明天又会有第二个陈复初。到时候，我们出了力，名为反北洋军，实为小军阀做打算，那才是一种耻辱的成功呢！如今国难当头，武人争雄，杀来杀去，牺牲的是我们，受苦的是民众。"

"那你说怎么办？不反陈复初吗？"代表们觉得黄公略的见解很有意思，七嘴八舌议论起来。

"投靠北洋军阀的军阀当然要反。"黄公略接着说，"孙中山吃亏就吃在没有自己的军队。如果能有一支以救国救民为宗旨的军队就好了，国民就有享受共和幸福可言了。"

黄公略的看法深得代表们的赞同，但眼下首先是要把陈复初赶下台。于是他们商量了一套办法。为了制止士兵请愿的兵变行动，陈复初开始以好言相劝，接着以镇压相威胁，并命令各旅长、团长出面制止，但旅长、团长们只是敷衍了事，不予理会。陈复初见大势已去，只好辞去了师长职务。

通过这次请愿活动，黄公略与那些志同道合的士兵成了好朋友。尤其是与彭德怀，两人亲如兄弟。

陈复初被迫下台后，士兵代表们都回到各自的连队。有一天，彭德怀约黄公略到营区后山议事。黄公略赶到后山空地时，那里已经聚集了20来个士兵，都是平时与他俩玩得好的朋友。

彭德怀见黄公略到了，便说："黄石兄，这些都是我们的好朋友，全叫齐了。今天主要是想和大家一起商量一下今后交友的原则。"

"很好嘛！我觉得第一条必须是以救国救民为宗旨。"黄公略随口说道。

"我同意。朋友还应相互勉励、相互帮助。"彭德怀回应。

"不能做坏事！"

"不欺负老百姓！"

"当官了也不能贪污腐化！"

"要打抱不平！"

大家你一言、我一语地补充，很快就确定了一套不成文的交友原则。

1918年3月，北洋军阀经湖南讨伐广州，黄公略所在部队撤退到茶陵南边的浣溪圩，撤退中彭德怀掉队了。黄公略十分担心好朋友趁机回家，不再归队了。几天后，彭德怀才回到部队，他顾不上歇息就急着来营部找黄公略。两人相逢之后格外高兴。

"石穿哟，可急死我啦！以为你真的消差走了呢。你千万别草率决定啊。别忘了我们以救国救民为宗旨的交友约定。你这一走，回去还是当农民，救国救民哪还有平台？"

黄公略接着劝彭德怀道："岳飞家里也很穷苦，但当他得知金兵不断入侵，国势已经非常危急时，毅然离开家乡，报名从军，决心为国家出力。如今，我们也是乱世从军，国家有难，一个小小的倭寇也敢欺辱我们，国家兴亡，难道匹夫无责吗？"

彭德怀听后频频点头，很佩服黄公略的爱国心，说道："黄石兄，听你的，我不走了！"

这时，彭德怀突然想起一件事，对黄公略说："走，到我们班去，介绍一个新朋友给你认识。"路上，彭德怀向黄公略简单介绍了情况，说是前段有个叫李文彬的中学生来投军，编在他的2班，是个热血青年，到部队后，彭德怀教他练操，他教彭德怀识字，两人很快成了好朋友。

到了2班，彭德怀向李文彬介绍说："这是我的好朋友，好得就像一个人一样。他不在时，我可以开他的箱子取钱用；我不在时，他可以开我的箱子拿东西。他有满腔的爱国热情，很有学识才华，是个'万事通'。"

黄公略与李文彬一见如故，两人非常谈得来。交谈中，3人讨论把李文彬的名字改为"李灿"，寓意"追求光明，扫除邪恶"。

3人志同道合，相见恨晚。彭德怀提议3人结为兄弟，大家一拍即合，如是留下誓言。

黄公略带头盟誓："我们3个好友，今日有缘相聚在一起，志同道合，情如兄弟，愿同心协力，救国救民，赴汤蹈火，在所不辞。"

彭德怀接着说："皇天后土，实鉴此心。"

李灿接着说："背义忘恩，天人共戮！"

黄公略一听，知道他们说的是《三国演义》中刘备、关羽、张飞桃园三结义时盟誓的话，觉得有意思，便尽着兴致开玩笑说："是不是还要加上两句'不求同年同月同日生，只愿同年同月同日死'呀？"3人哈哈大笑。

从这以后，黄公略和彭德怀、李灿来往更加密切，作战和训练之余，常在一起议论时政。后来团里办起了训练队，黄公略的国文底子好，当起了国文教员，他利用这个身份结识了许多志同道合的学生士兵和贫苦农民出身的士兵。

1920 年 5 月，军阀再次开战。20 日，驻守在衡阳的吴佩孚部撤防北返，湘军见有机可乘，于 26 日率部向前来接防的张敬尧部发起进攻。张敬尧在湖南经营 2 年，部队有七八万人之众，南下衡阳时，根本不把只有 3000 余条枪的湘军放在眼里。然而，张敬尧在湖南作恶多端、残暴无比，湘人恨之入骨，纷纷奋起截击张敬尧的军队进入衡阳。湘军占着天时地利人和的优势，在与张敬尧部的交战中，节节胜利。

黄公略所在的 6 团由浣溪圩出发，经耒阳、祁阳，向宝庆进攻张敬尧部。部队在永丰、宝庆、湘乡、湘阴、临湘等地，与张敬尧部打了数仗。每次战斗中，黄公略都表现得机智勇敢，深得长官和士兵们的好评。战斗结束后，黄公略被提升到 2 营 5 连当排长。

1920 年夏，彭德怀串联了几个士兵，发起成立了扶困济贫的团体"救贫会"，在军中秘密活动，并将平日议论的内容归纳成"救贫会"的 4 条章程："一、灭财主，实行耕者有其田；二、灭洋人，废除不平等条约，收回海关、租界，取消领事裁判权；三、发展实业，救济贫民；四、实行士兵自治，反对笞责、体罚和克扣军饷，实行财政公开。"

当彭德怀把"救贫会"章程告诉黄公略时，黄公略高兴得跳起来说："这就是救国救民的纲领啊！"

1921年8月，彭德怀在部队驻地听到贫苦农民姜子清告发当地恶霸地主欧盛钦强占他家稻田苇地的事，便派了3个"救贫会"成员化装成农民，在姜子清带引下杀了欧盛钦。事后，彭德怀被抓，但在押解途中逃脱，躲避到湘潭一位朋友家。

黄公略从彭德怀被抓的教训中深刻地意识到，那些停留在劫富济贫口号上的纲领，要想救国救民是远远不够的，"想要救国救民，最主要的还是先要改造军队"。

革命思想萌芽

1921年年末，湘军决定开办湖南陆军讲武堂。黄公略想："要能在军界立足，有改造军队的能力，必须深造自己，成为一个有作为的带兵人。兵随将走，当将领的不走正路，只饱私囊，不救民众，兵士怎奈何得？"于是，黄公略下决心报考陆军讲武堂。

黄公略的想法得到团营长官的大力支持，报考陆军讲武堂的推荐顺利通过。黄公略的好朋友李灿也获得了报考推荐。

此时，他想起了曾经与他们同甘共苦过的密友彭德怀。彭德怀因暗杀欧盛钦一案已回家种地。黄公略与李灿商量，决定去找彭德怀的团长袁植说情。彭德怀因袁植富有爱国思想，颇具才干，对其甚效力；袁植对年少英武、胸怀大志的彭德怀也十分器重，且彭德怀曾在 1918 年和 1920 年两次帮助袁植在战斗中脱险，更是使袁植对彭德怀感激之余，对彭德怀的机智勇敢留下了深刻印象，甚是喜爱。

第二天，他们两人来到袁植所在的团部，进门后黄公略先开腔："团座，我们来找你说说石穿的事。他曾是你身边的兵，现在正在家乡种地。

他以前的表现你也看在眼里，窝在家里种地太可惜啦！"

"石穿是个好兵，我一向视他为手足兄弟。只是他太意气用事，害了自己哟。"袁植惋惜地说。

"我觉得可以让他归队，跟我们一起报考陆军讲武堂。"李灿开门见山。

"好主意！可他犯法难容，回来恐怕有些困难吧？"袁植犹豫。

"石穿只是错杀了一名有钱地主，原本是为筹措补发士兵欠饷，并无他意。倘若那个地主不是一毛不拔的吝啬鬼，石穿也不至于铤而走险。现在事情已经过去那么长时间，那个地主的哥哥也因贪赃枉法被撤职，未必还有谁会穷追不放。团座何不法外开恩，召回石穿送考陆军讲武堂，以便以后他能为团座多立汗马功劳？"黄公略道。

袁植沉思了一会，说："如果石穿愿意回来，我会推荐他报考讲武堂。你们想办法通知他吧。"

"谢谢团座！我们一定让石穿回来向你报到！"黄公略喜出望外地说道。

二人离开后，立即分头给彭德怀去信，说服

他回到部队找袁植。结果，袁植不但同意彭德怀报考陆军讲武堂，而且为解决彭德怀生活费用问题，还安排他当了一个候差的排长。

经过考试，黄公略、李灿、彭德怀3人同时进入了湖南陆军讲武堂第一期。黄公略编在第四教授班。

讲武堂于1922年11月开学，校址在长沙小吴门外校场。

讲武堂的课程设置繁多，学习非常紧张。黄公略善于学习，他把室内讲授和课外演练并兼，总是精神饱满、不知疲倦。他的学习兴趣非常浓厚，战术、地形、筑城、兵器，以及各种操练和实习，门门功课都学得十分认真。

黄公略尤其喜欢战术这门课程。有一次，一位教官在战术课上讲起了法国的拿破仑，让黄公略听得入了迷。这位教官对拿破仑指挥过的几场著名战役战斗的战术思想进行了系统讲解，指出拿破仑最拿手的战术就是"集中优势兵力，各个击破"，引用拿破仑的话就是"军事艺术的秘密在于，在必要的地方和必要的时间，使自己的军力超过敌人"。

其作战原则为"只做力所能及的事情，只做有胜利把握的事情"，"作战的主要目标是消灭敌人的有生力量"。另外，教官还指出，拿破仑一直注重攻防结合，即使处于防御战局中，也仍然敢于实施进攻战，且一直重视促使步兵、炮兵和骑兵协调发展，以适应当时的作战特点和新的作战方法。

黄公略十分佩服拿破仑。拿破仑在远征意大利的战斗中，表现出来的非凡的军事才能和对社会因素独到的观察力，使黄公略学习和研究战争的思路豁然开朗。尤其是在拿破仑的战术和战略中，重视武装民众的方法；强调机动巧妙，集中兵力，突然行动；战斗行动的目的在于粉碎敌方军力，不在于占领要塞和领土；以及分割敌人，各个击破等，使黄公略感到既新鲜又有道理。他联系读过的中国兵书《黄石公三略》《六韬》《孙子兵法》，中国兵书上的文字忽然活了起来，显得更容易理解了。

听了战术课后的黄公略激动不已，他把明朝著名政治家、军事家刘伯温创作的《琅琊王歌·其一》写在笔记本上："骏马须好鞍，疆弓须劲箭；将军不知兵，健儿空自健。"借此阐明了自己对战略战术的理解：如果将帅不懂兵法，不会用战略战术，不善带兵用兵，那么有再多的勇猛强健的士兵，也是无用的。

为期8个月的讲武堂学习结业后，黄公略回到了原部队，并由排长晋升为副连长，同年11月又升任连长。他的带兵打仗本领，随着理论与实践的结合日臻强大起来。

1925年春，黄公略不幸大病一场，得了天花。这种烈性传染病令他九死一生，不仅持续高烧、头疼、呕吐，而且那成片成片的斑疹、丘疹和疱疹，长在脸上，也布满了全身。团长派人把他从湘西北的慈利送到长沙就医，住了1个多月医院，不见好转。彭德怀得知消息后，急忙去长沙看望，并另请大夫医治，才把他从死亡的边缘抢救了回来。病好后，黄公略身上、脸上都留下了一些痘疤。从此，留下了"黄石麻子"这个雅号。

在旷日持久的军阀之争中，湘军头目为了各自的利益，今日归汉，明日降魏，杀得天昏地暗，无休无止，给百姓带来的是民不聊生，苦不堪言。黄公略看在眼里，急在心里。

一天黄昏，黄公略漫步在沅江河畔。两岸的桃花已经盛开，江中飘来艄公的号子。面对这样的美景，黄公略无心欣赏，积于心中的郁闷无法得到排遣。他眺望着远处，吟起屈原的诗："长太息以掩涕兮，哀民生之多艰。""愿摇起而横奔兮，览民尤以自镇。"

正当黄公略慨叹自己生不逢时时，国民革命军的北伐让他看到了希望。

1926年年初，国共第一次合作，开启了一场声势浩大的推翻帝国主义和北洋军阀反动统治的北伐战争。7月，北伐军攻克长沙后，黄公略所在的第2师接受改编，改为国民革命军第8军第1师。黄公略在李仲任的3团任少校连长。

部队改编后，黄公略有一种春风扑面、如鱼得水的感觉。部队很重视思想政治工作，师设政治部，团设政治指导员。师政治部的秘书长段德昌上过黄埔军校，是中国共产党党员，他经常下到团、营讲课，教唱"打倒列强，除军阀"的《国民革命歌》。黄公略从段德昌那里第一次读到了《共产主义ABC》。他如获至宝、爱不释手，比小时候得到《黄石公三略》还要珍惜，一有空就读。从此，这本书就像"一个幽灵，一个共产主义的幽灵"徘徊在黄公略的脑海中。

革命书籍使黄公略的精神生活丰富起来，思想逐渐地醒悟，眼光也开阔起来。他不时地把自己学习和感悟到的新知识、新理念与好朋友彭德怀共同分享。

黄公略所在部队经过短期整训后，即行北伐。1926年10月10日，北伐军总攻武昌。黄公略率领连队向宾阳门进攻，多次冲锋均被敌人打退，尤其是城墙上的一个机枪火力点威胁最大。黄公略随即命令："3排架云梯，2排掩护，1排跟我登云梯上城墙冲锋！"

随后，黄公略身先士卒，冒着炮火，第一个登上云梯，爬上了城墙，向着敌人的机枪火力点接连扔了两颗手榴弹，敌人的机枪立马成了哑巴。

黄公略大喊一声："冲啊！"士兵们个个如下山的猛虎，纷纷跟着黄公略登上云梯冲上城头，杀出了一条入城的路。

在此次战斗中，黄公略所在的连队缴获迫击

炮 10 余门，机关枪数十挺，步枪千余支，受到了团长李仲任的嘉奖。

自从部队改编，特别是参加北伐以后，黄公略简直像变了一个人。大家都说："黄连长参加北伐后不比从前了。"

上黄埔军校

北伐军攻克武昌后，黄公略所在部队奉命继续北上。途中，传来一个振奋人心的好消息，黄埔军校要从国民革命军中招收一批年轻军官到高级班学习。

1926 年 12 月，一向受到团长李仲任器重的黄公略被推荐到广州参加黄埔军校的入学考试。在离开部队告别长官和战友前，黄公略特意去看望了已升任营长的彭德怀，并把去考黄埔军校的事告诉了他。没想到彭德怀很不舍，故作生气地说："好你个黄石麻子，你拍拍屁股走人了，跑到蒋介石发家的老巢去攀龙附凤，留下我这个彭蛮子在此受苦哟。"

黄公略笑答："莫生气嘛，我不过是一只瞎闯乱飞的野麻雀，今要南飞去闯蒋介石的乌鸦巢，倒要看看秃头总司令喜欢玩些什么新把戏？如果难与乌鸦们同栖一树，我还是会回湘军食粥喝汤的。"彭德怀十分理解黄公略去黄埔军校的心情，这是他一直以来追求的革命理想，也是他们共同的愿望，彭德怀打心眼儿里为他高兴。黄公略临走时，彭德怀专门赶来为他送行，黄公略将自己使用多年的一支心爱的驳壳枪送给了彭德怀。

入学考试于12月27日在学校高级班举行，第3日揭晓。黄公略顺利通过考试，入校后，他读的是军事科。

高级班学制1年，军事教育课程分教授、训练、演习三大项，仅教授科目一项就设有战术学、军制学、兵器学、参谋业务、后方勤务等18门课，学习任务十分繁重。学校教官的水平很高，在高级班任教的教官都是很有名望和学识的一流人才，许多是留学国外的军事专家。上政治课的大多是颇有声誉的共产党人，如恽代英、萧楚女等都在学校任教。军事教官中，教应用战术的顾清选在国内外高层和军政界门生众多，就连蒋介石也是他的学生。

开学后不久，年轻的共产党员李合林教官教授法国大革命史。黄公略第一次听到这样高水平的讲课，思想很受启发。李教官讲得最精彩的是攻打巴士底狱那一段，他把受苦受难的法国人民攻陷象征专制体制的巴士底狱的背景和过程讲得异常生动，让学员们如身临其境一般。黄公略听后感慨地说："国家统治者腐败了，就会有革命发生。"

在学习中，黄公略深入分析了拿破仑成功的秘诀。他认为，除了正确的战略战术外，拿破仑还十分注重迎合国内人民的情绪，对外很善于把握和利用国与国之间的矛盾和需求。黄公略由此感到："军人应该是军事家，又是政治家。军人一定要有政治头脑。"

黄公略的家乡口音很重，说话难懂，几乎成了他与同学和教官交流的障碍。一天下午，上沙盘课，教官出的题目是："一次决战，敌方兵力两个军，我方一个军。敌方先期占领 4 座小城，且以逸待劳，我方赶占一城，又立足未稳，应如何用兵？"同学们一个个轮流到沙盘边用教棍展示各自的想法。轮到黄公略扮演指挥官时，他先简单分析了敌情，然后讲出了自己的用兵方略。他说："敌人虽然处于优势且以逸待劳，但敌军用兵分散。我军可以抓住这一弱点，选其中间这个好打的城市为突破口，集中 5 倍于敌的优势兵力，造成这一点上的绝对优势。其他几座小城则分散兵力去应付、牵制，造成敌人不知我主攻方向在何处的混乱心理。在主攻方向上，则采取以攻为守，两翼迂回，分割包围，以求中间突破。然后再纵深发展，扩大战果。"

同学们和教官第一次发现这位"平时不爱说话"的黄公略，说起学问来，竟是口若悬河，滔滔不绝。他说的内容，大家只是听明白了他说的大概意思，但并没有完全听懂，场面不禁有些尴尬。这时，他的同学中有位同乡叫贺国中，连忙站起来帮黄公略当翻译。待贺国中翻译完毕，教官和同学们都为黄公略独到的谋略赞叹，投去欣赏的目光。

每逢节假日或在课余时间里，黄公略最喜欢

去的是书店、省港罢工委员会和农民运动讲习所。这3个地方也是黄埔学生中共产党员秘密活动的地方,被称为"革命俱乐部ABC"。A指农民运动讲习所,B指省港罢工委员会,C指国光书店。到农民运动讲习所,可以听到进步的讲演会、报告,还可以看到加入共产党的宣誓仪式。到省港罢工委员会去,可以做工,如刻钢板、油印、散发传单等,干一天还有毫洋6角的报酬。到国光书店,可以经常读到进步书刊,书店里总是人山人海,遇有好书马上就被一抢而光。

黄公略在校的1年,不仅学到了影响他一生的领兵本领,而且受到了极大的政治风云的锻炼和考验。当时,黄埔军校共产党、国民党左派与国民党右派之间的斗争日趋激烈,高级班也不例外。黄公略经过一段时间的观察,旗帜鲜明地站在革命派一边,积极拥护共产党的主张。

1927年4月12日,蒋介石在上海发动反革命政变,大肆屠杀共产党人和革命群众。随后,黄埔军校开始反共"清党",黄公略班上有好几个共产党员被秘密带走。不久,就听到著名共产党人熊雄、萧楚女、谭其镜等先后被捕遇害的消息。7月15日，汪精卫又在武汉发动了反革命政变。

同年秋，八一南昌起义和秋收起义的消息传出后，黄公略的心情为之一振，他也很关注这些起义的情况，并期待有机会参加这样的战斗。

12月11日，中国共产党领导的广州起义爆发。当晚，黄埔军校紧锁校门，并通知学生不准外出。黄公略的心按捺不住，就与贺国中趁人不注意，翻越围墙出了校园。他们走到大街上，只见到处是人，满街都是红旗。参加暴动的士兵们脖子上系着一条红带子，个个脸上都充满着胜利的喜悦。暴动已经成功，广州苏维埃政权已宣告成立。

12日，敌人在英、法、日、美的军舰和大炮支持下，进行了疯狂反扑。

黄公略和贺国中来到苏维埃政府所在地——广州市公安局，那里堆满了缴获的枪支。由于没找到指挥部负责人，两人自动拿起武器，带领编导处临时编定的要求参加起义的多名群众增援观音山战斗。敌人的反扑越来越猛烈，观音山阵地被敌军突破，暴动队伍不得不撤退，黄公略带领的队伍转入了巷战。有的同志子弹打完后，就用石头砸、用拳头揍、用牙齿咬，街上到处是尸体和血迹，敌人对参加暴动的士兵和群众开始了疯狂的大屠杀。

黄公略与贺国中在巷战中死里逃生，被迫在外躲避了几日才回到学校。

广州起义虽然失败了，但起义军和工农群众英勇战斗、不怕牺牲的革命精神，给了黄公略极大的鼓舞。不久，他向党组织提出了入党要求，后被中共广东区委批准正式加入了中国共产党。

试探彭德怀

1928年2月，黄公略从黄埔军校毕业，本应分配到国民党新军阀蒋介石的大本营南京去任职，但黄公略不愿意去为这位校长卖命。此时，已任国民革命军独立第5师1团团长的彭德怀从湖南益阳南县来信，邀请黄公略回老部队办随营学校，还寄来了差旅费。黄公略将彭德怀的来信向中共广东区委军委进行了汇报，表示希望回老部队开展兵运工作。得到批准后，黄公略还从黄埔军校一起毕业的学员中，挑选了贺国中和黄纯一两位好友一同前往。

在回部队的路上，黄公略思绪万千。他在黄埔军校学习的 1 年里，参加北伐的国民革命军中，许多部队已被野心勃勃的蒋介石变成了新军阀的队伍。自己原先所在的第 1 师又如何呢？师长周磐变得怎么样了？当了团长的彭德怀有没有发生变化？黄公略心里没有把握。人心隔肚皮，知人知面不知心，为谨慎起见，他决定还是边行边探，边探边进。

黄公略到了南县后，独自来到团部准备见彭德怀。他向两名站岗的哨兵报上名字后，一名哨兵马上跑了进去。不一会儿，彭德怀身还未到声先到，大声喊道："黄石呢？黄石在哪里？"

黄公略闻声，也喊道："石穿，石穿，我在这儿，我在这儿啦！"

两人一见面，倒是把彭德怀怔住了。只见黄公略一身学究打扮，笔挺的黑呢料西服，雪白的衬衣，系着一条大花点的领带，白嫩的脸，西式分头，脚上穿着一双厚底皮靴。

黄公略见状，连忙解释道："穿便装是为了路上方便。这套西装还是同班同学送的呢！你看，我这西式头蓄得还是不够长，脚上这双皮靴也太旧，连光亮都没有，和身上的这身西服很不相称呀！"

两人进屋后，没有过多寒暄就急切地谈起别后1年各自的情形来。不一会儿，李灿等人也闻讯赶来，屋里一下子更加热闹了。

李灿介绍道："我们师已今非昔比啦，从以前的第8军第1师改为国民革命军独立第5师，成了蒋介石的非嫡系部队啰。"

彭德怀接过李灿的话题说："师长周磐也不是以前的周磐啰。他表面不反对革命，但态度明显右转。武汉国民革命军独立14师师长夏斗寅叛变，我当时建议进攻武昌，配合叶挺部队消灭夏斗寅部，他就是不肯动。长沙第35军33团团长许克祥发动'马日事变'，我建议进攻长沙，消灭许克祥部，他还是无动于衷。"

李灿接着说："周磐以前那么信任我们彭团长，几乎言听计从，这两次的态度实在是让大家大跌眼镜。不过，办随营学校的事他倒是答应得挺爽快的。"

交谈中，黄公略很少发言。听到这里，黄公略插话道："周磐这回怎么突然听从你彭大团长的意见了呢？"

彭德怀被黄公略这么一问，眉毛都竖了起来，深感这位黄埔生对事情敏感，再也不是1年前的黄石麻子了。彭德怀笑笑说："办随营学校是迎合周磐的野心。在此之前，他受老同学何键的控制，心里总不是滋味，如今又被蒋介石招抚，不甘心寄人篱下。"

"这么说，你是要我回来给周磐卖命啰？"黄公略追问道。

彭德怀又是一惊，心想这个黄石还真是厉害。他答道："哪里的话！我这是搞偷梁换柱，名为他，实为我，一旦情况有变，就……嘿嘿！"彭德怀又突然收住了话题。

黄公略为彭德怀及好友们对时局的态度感到欣慰。但他们到底是国民党左派，或是无政府主义者，还是共产党信徒呢？他还是不完全放心。

晚饭后，彭德怀、李灿、张荣生、李力和新

来的邓萍等聚集在团部，围着黄公略而坐，开起秘密会议来。

这几位都是几年前秘密"救贫会"成员，邓萍是团部书记官，他们热烈地交谈着。彭德怀发现黄公略说话谨慎，甚至有点旁观，就让邓萍把办随营学校的章程讲给黄公略听。黄公略越听越喜悦，因为这个章程比起8年前那个"救贫会"纲领要好得多，特别是明确提出打倒新军阀这一点，写出了革命与反革命的分水岭。

邓萍刚念完，彭德怀就兴致勃勃地补充说："这个随营学校的章程，是从'救贫会''士兵会'章程里变过来的。总则里加上了拥护三民主义，遵循总理遗嘱，奉行三大政策，以救国救民为宗旨，内容上改为'打倒新军阀'。章程最后写上国民革命军独立第5师师长周磐兼任随营学校校长，这是经过周磐同意的。我送章程给周磐审核，周磐念到'打倒新军阀'时，特别感兴趣，说现在就是要打倒新军阀。"

"什么叫'打倒新军阀'？这个新军阀究竟指的是谁？"黄公略打断彭德怀的话追问道。

这一问，把在座的几位老朋友问蒙了。黄公略怎么啦？全国都在讨论新军阀蒋介石，连周磐都明白，你黄公略是什么意思？屋子里顿时像死一样地宁静。过了片刻，彭德怀愤怒地说：

"新军阀还能是谁？当然是蒋介石呀！"

"说他是新军阀是否合适？"黄公略故意说，"蒋介石是我们的校长，一贯遵照总理遗嘱，奉行三民主义，实行三大政策。我们校长任北伐军总司令，挥师北伐，正在完成统一中华大业，他怎么成了新军阀？我们校长在《阵中反省录》中提醒的对主义尽忠了吗，对党国负责了吗等 6 个问号，难道你们都忘了？"

黄公略左一个"我们校长"如何如何，右一个"我们校长"如何如何，如施了定身法似的把大伙定住了。他们一时不知说什么好，你看看我，我看看你，意思是说，一切秘密工作都告诉了你，这怎么得了！彭德怀第一个跳出来指着黄公略的鼻子说：

"好你个黄石麻子！我们多年友好，过去你说蒋介石如何如何反动，对革命事业如何如何有害，现在怎么一反过去呢！好吧，你走你蒋介石的阳关道，我走我艰难险阻的独木桥！"

彭德怀一声断喝，张荣生迅速抄起一条长毛巾往黄公略脖子上一缚，用力猛绞，黄公略猝不及防，立时脸色发白。

李力等人也上前帮忙，连声说："绞死他，绞死他！"

毛巾越绞越紧，黄公略脸色由白转青。他用手指朝脚后跟乱点，这个动作被细心的邓萍察觉到了。邓萍说："慢一点，放松一些，等他出口气，跑不了的。"

张荣生、李力听邓萍这么一说，松了手。

黄公略用劲蹬脚，皮靴蹬脱在地上，然后就昏了过去。

邓萍连忙捡起那只皮靴，翻来覆去地看着，发现后跟有新钉的痕迹，于是用刺刀撬开，鞋跟掉了下来，里面有一张用玻璃纸包着的字条。拆开一看，原来是中共广东省委的党员介绍信，忙转过头来，急忙喊着：

"快救人！快救人！"

于是，大家又忙碌起来，有的帮他撬开紧咬的牙齿，有的朝他嘴里灌茶水，有的用冷水拍他的后颈脖，彭德怀急得在屋子里团团转。半个小时后，黄公略慢慢苏醒了过来，大家这才松了一口气。

彭德怀责怪道："我说黄麻子啊黄麻子，你这是干什么？开这样大的玩笑！"

黄公略苦笑道："你现在当了团长，不试试，谁知道你是真革命还是假革命！"

邓萍是中共南（县）华（容）安（乡）特委特意安插在彭德怀团里的中共党员，黄公略通过邓萍顺利地与党组织接上了关系，并积极配合南华安特委在军中开展兵运工作，发展党的组织。特委书记刘国富、交通员姚靖国等多次与黄公略接触，共商反"清乡"对策、派员入营工作和发展党员等问题。不久，"救贫会"成员张荣生被发展为中国共产党党员。4月，彭德怀也加入了中国共产党。彭德怀入党后，李灿、李力也被吸收入党。

为加强在第1团中党的工作，中共南华安特委还派李光、段寿益、段楚才3名共产党员入营。

李光入营后，在彭德怀身边当勤务兵，担任秘密交通员。

献计营救特委同志

随营学校设在南县县城的文庙。黄公略到达南县不久，随营学校就开学了，师长周磐宣布黄公略为校长，贺国中为教育长，黄纯一为大队长。随营学校第一期招收学员 150 人，其中有秘密士兵会成员和南华安特委派来的地方同志 50人。地方同志都是在白色恐怖中从外地逃亡到此地的农民协会的成员。

黄公略与彭德怀、贺国中、黄纯一商量，打算每期吸收 1/3 的秘密士兵会成员，到年底时，第 2、第 3 团的每连至少要有 1 名会员参加培训，第 2 年按情况再扩大一些，做到每个团中有一两个进步连为核心，全师以 1 团为核心，待时机成熟时，就可以争取全师暴动。

为了加强共产党在军中的领导，南华安特委在第 1 团建立了党支部，由邓萍负责，随营学校也成立了党支部，黄公略任支部书记。

1928 年 4 月 9 日深夜，南县城东传来一阵激烈的枪声，黄公略立即派人了解情况。他从邓萍那里得知，是设在城东堤尾小木屋的南华安特委机关，遭到敌人破坏，有 38 名党员、团员和革命群众被捕。

原来，在南县县城，有一家开棉花行的货栈，老板叫周至太，他女儿周庆潭受进步思想的影响，积极参加革命活动，被特委发展为共青团员，并在她家设立了秘密通信处，周庆潭担任秘密交通员。有一次，周庆潭外出送信时被敌人跟踪发现后被捕。在敌人的严刑拷打下，她供出了南华安特委机关及团特委工作人员。结果，南华安特委机关遭敌人偷袭。事情发生后，南华安特委即派人前来 1 团联系，要求营救被捕同志。黄公略得知这一情况后，随即和黄纯一、贺国中从随营学校赶到 1 团团部，与彭德怀、邓萍等人秘密商议营救办法。

彭德怀咬牙切齿地大骂:"安百一(时任国民党南县县长)这个狗东西,一天到晚不干好事,到处乱咬人,真该把他抓起来千刀万剐!"

李光是不久前刚从特委介绍来的同志,被抓的人大部分他都认识,心头最着急,哀求道:"团长,你一定要想想办法尽快把被抓的同志都救出来啊!"

接着他请求说:"团长,你给我一排的人,我去劫狱。"

张荣生火冒三丈地说:"狗东西安百一,我只要带一个班的弟兄,就提他的脑壳来见团长。"

接着,同志们你一言、我一语地说了起来,有的主张劫狱,有的主张暗杀安百一。彭德怀见大家个个摩拳擦掌,激愤之下,一捋衣袖,腾地掏出手枪,往桌面上一拍,吼道:

"安百一,跟你算账的时候到了!"

"团长,这回我去。"

"团长,不用你出面。"

彭德怀把手往桌子上一拍,使会场情绪达到了顶点。他眼睛发红了:"李光!"

李光站了起来，两脚一并："有！"

"你带一个特务排，把安百一杀了，把监狱里的犯人全给我放走！"彭德怀下达命令。

"是，一定完成任务！"李光大声回答。

此时，黄公略坐在角落里，闭着眼睛一声不吭。彭德怀见状，发火了，吼道：

"我说黄石麻子呀，都什么时候了，你还能闭目养神！"

黄公略一听，"噌"地站了起来，冲着大伙儿说："冲吧，今晚你当李逵，我演张飞。还有，你唱鲁智深，他扮林冲，来个《三国》《水浒》一起上，怎么样？"

彭德怀一时听蒙了，说："此话怎讲？"

黄公略心情沉重，不急不慢地说道："县衙门里有几个兵？不就是一个'清乡队'吗？你彭德怀一个团3000人马，要劫狱还不容易？简直不费吹灰之力。可是，大家听说过杨幺的故事没有？南宋农民暴动领袖杨幺，当年拥兵20万，声震洞庭湖区，后被南宋军队围困所破。一个重要的原因，就是四面环水，无法突围。各位想想，我们脚下踩的是一块什么地方？是一片水网。而在我们周围，西边安乡有第8军，东北岳州有张辉瓒部，长沙有何键。一旦劫狱，就等于兵变，他们必定四面'围剿'。这四面环水之地，杨幺的前车之鉴，你们不以为然吗？"

彭德怀听后，冷静了下来，赞同地说："有道理，有道理，请老兄继续往下说。"

黄公略背着手，在大家面前踱着步子说："最有能力解决问题的人，还是你彭团长。你这一身校官服是干什么用的？你披着这层外衣，就有合法身份，就可以理直气壮地跟安百一斗。你是国民党的团长，安百一是国民党的县长，搞合法斗争，他能奈得你何？斗，斗什么？斗智。去舌战，不武战，兵书上说，不用武而退人之兵是为上。"

"怎么个舌战法呢？"彭德怀及各位马上都来了兴趣。

黄公略继续说道："向安百一讲明'清乡'形势，说明利害后果。再给他送个假情报去，就说南华安特委游击队准备攻打监狱，杀掉安百一，要他小心脑壳搬家。要把恐吓、诱诈和虚虚实实、真真假假的情况结合起来。因此，建议特委游击队组织行动小组，在夜里骚扰县城，叫安百一睡不安稳。同时，集中兵力先吃掉几个'挨户团'分局，杀鸡给猴看，逼迫安百一退让放人。"

经黄公略这么一启发，大家又补充了一些办法：托人请商会会长出面，邀一帮地方绅士宴请安百一。再以游击队的名义，给安百一写恐吓信，软的硬的办法，大家七嘴八舌说了许多。于是散会，分头准备行动。

第二天，彭德怀独自一人直冲县衙门，来到安百一的办公室，按照大家商议的策略对安百一进行了言语上的一番威逼利诱，吓得安百一马上答应抓紧放人。正当安百一犹犹豫豫，对彭德怀所言真假难辨时，4月中旬，游击队行动了，收缴了南县一个镇的"挨户团"分局枪支，当场击毙了分局局长，并大造声势，消息很快传到县里。游击队乘势扩大到数百人，接连出击了南县的几个镇，并放出消息要攻打县城。

安百一见情况不妙，急忙放了35人。但特委团委组织部部长周涛等3人惨遭杀害。

乔装寻访地下党

正当黄公略全身心地投入办校、培养精英的时候，独立 5 师接到调防平江"清乡剿共"的命令，要求随营学校随之迁往岳州。

黄公略等人极为不安，因为原来靠办随营学校培养积蓄革命力量，争取两年后暴动的设想被打乱了。为适应这一变化，黄公略觉得自己应该直接到部队中去影响部队、掌握部队，相机行事。经过分析，黄公略认为自己是从 3 团出来的，他决定回去争取这支部队。

1928 年 7 月，经彭德怀向师长周磐推荐，黄公略离开随营学校赴平江嘉义担任 3 团 3 营营长。

黄公略一上任就取消了营部小厨房，营里的军官一律与士兵吃一样的饭菜；取消了长官手中的皮鞭，禁止打骂和体罚士兵。他还拿出自己的积蓄，分给大半年没发饷的士兵，拿自己的钱给士兵买蚊帐、买被子，深得士兵拥护。

黄公略在积极争取士兵的同时，还想方设法寻找嘉义区已转入地下的中共区委组织，以便在组织暴动时能得到地下党和游击队的配合。

一天下午，趁部队休息之时，黄公略安排好值班，自己带着勤务兵小陈悄悄离开营地。

黄公略一身农民打扮，头戴斗笠，身着对襟白布褂子和一条沾着泥巴的破青布裤，脚穿一双旧草鞋。勤务兵小陈一身土布衣，肩挎一个灰布包袱。

两人穿过嘉义镇的街道，向离镇 4 公里的谢江村走去。

"营长！……"勤务兵说漏嘴了。

"嘘！又忘了！"黄公略提醒他。

"大叔！"小陈改口说，"这回怕又白跑了呢！"

"唉，难说呀！"黄公略也忧心忡忡。

这已是他们第 5 次化装出来找地下党了。

昨天夜里，嘉义镇"挨户团"主任杨丹厚跑到 3 营营部，告诉黄公略说："有个地主老爷看到共党嘉义区头子涂裁缝回谢江来了。"涂裁缝（大名涂正坤）是谢江人，在马日事变后化名喻义华跑到白花尖打游击去了。

听到这个消息，黄公略兴奋不已，决定去谢江与涂裁缝接头。

进了谢江村后，黄公略按照"挨户团"主任提供的情况，先找到村里的保长了解了一些情况，知道涂裁缝从外地回来后，去过村头的那间茅屋。

黄公略和勤务兵来到村头，果然看见一口水塘边有间独家茅屋，一位老大爷坐在屋里用木锤捶稻草。

"老人家，跟你讨口水喝！"黄公略站在门口，小声地说道。

"你自己去水缸里舀吧，是从井里担的凉水。"老大爷和气地说。

勤务兵进屋用瓢舀水，黄公略仍站在门外。

"进来坐坐，歇歇气。听口音你们是外乡人，从哪里来哟？这大热天！"大爷关心地说。

"我们从湘乡来。不瞒你说，我们那里的农会被敌人破坏了，待不住了，听说你们这里的共产党、游击队还在活动，我们就跑来了。"黄公略顺着大爷的话说。

"大爷！这是我们乡里的农会主席，我的叔叔。我们是来这里找关系的。"勤务兵一边给黄公略送水，一边接过话茬儿说。

"大爷，你们嘉义的涂正坤很有名气，他编的《梭镖亮亮光》的歌，我们那里的人都会唱呢！"黄公略一步步地往正题上引。

"是哟，蒋介石、许克祥这些坏家伙该捉、该打。他们得势了，就没有我们穷人的活路了。"大爷也掏出了心里话。

"大爷，我们想找涂正坤或是……"

"老头子，拿草来！"坐在里边打草的老奶奶急忙插话喊道，显然她是有意制止老头继续说话。一提到涂正坤，老大爷也不说话了。

黄公略顺势坐到了大爷旁边的小凳子上，拿起木锤一边帮大爷捶稻草，一边聊家常。

勤务兵机灵地问道："大爷，水井在哪里，我帮你去挑担井水吧！"大爷知道缸里的水快用完了，七八十岁的老两口挑水是最难的事，便高兴地说:"那就辛劳你小兄弟啦!"

小陈帮大爷挑了满满一缸水,又帮忙打扫院子。眼看天色将晚,黄公略和勤务兵有意露出为难的情绪,老两口心肠软了,留他俩吃晚饭,这正合黄公略的意。

吃的是糠菜糊糊,菜是一碗豆豉炒辣椒。黄公略和勤务兵吃得津津有味。老夫妇见他二人不嫌弃穷人家的生活,就与他们亲近起来。

夜幕降临了,远处传来几声狗叫。在屋外放风的勤务兵,急忙跨进来对黄公略说:"有情况!"黄公略起身就要走,说是怕连累两位老人家。这时,老大爷已明白这两个人的来意,便告诉黄公略:"涂正坤前天从北乡打回来了,他现在正在山上,同游击队在一起。他是个裁缝,常常一边做游方裁缝,一边做革命工作。"黄公略告别两位老人时,把一块用纸包好的光洋塞进老大爷的手心里,说是作为饭钱。说完就带着勤务兵快步流星地离开了茅屋。

这次虽然又没有与地下党联系上,但得到了重要线索。黄公略带着小陈急忙赶回营地时,团长刘济人已来过几次电话，催促黄公略带兵下乡"清剿"。如果总是按兵不动，就会暴露自己。黄公略决定做做样子给刘团长看看。

第二天，黄公略亲自带领一部分兵到嘉义以南的清禾洞一带"清剿"。出发前，黄公略把营里士兵会的几个骨干召集到一起，对他们下达了指示："这次'清剿'，我们只是演演戏。大家组织士兵会的同志每人多带几包子弹。等到了山下，士兵会的同志带头朝天放枪，再把包好的子弹丢在路边或草丛里，然后迅速撤回。回营后，由班排连逐级向上提交'清乡'报告。"

接到指示后，士兵会骨干回到各自连队通知其他成员，到了山下就开始主动朝天开枪并丢弃准备好的子弹。在山上的游击队感到纳闷，凭经验判断，这密集的枪声说明是国民党的正规军，而不是"挨户团"的"清乡队"；这枪朝天打说明国军并没有发现目标；不上山搜索，只朝天打枪，这是什么"清剿"？游击队感到好生奇怪，待枪声平静后，派了几个人下山去探个究竟。结果发现了一包包崭新的子弹，包子弹的纸上还写着 4 句顺口溜：

"红军不要慌，朝天放排枪，上官不发饷，我要参加共产党。"

几天后，一个裁缝师傅找上门来，讨缝补活做。

黄公略仔细打量了一下那人，30来岁，皮肤晒得黑黑的，不像长期在屋里做裁缝的样子。他留着平头，两眼炯炯有神，一身地道的农民装束。

那裁缝憨厚地笑道："长官，我只混一碗饭吃，不要手工钱。"

"弟兄们一无布，二无钱，不做衣服，还是等上级发制服吧！"黄公略试探道。

"不不，弟兄们总有些鞋头脚脑需要缝缝补补吧？夏天到了，蚊帐破了我也会缝。"那裁缝倒很机敏，看见黄公略的蚊帐破了，就要去补。黄公略看这裁缝虽土气，但气度不凡，并未阻拦他去拆蚊帐，心中早已浮现出了涂正坤的影子。

黄公略是个有心人，他故意把裁缝留在屋里，对勤务兵小陈说："照顾一下裁缝师傅，我晚上才回来呢！"这话是说给裁缝师傅听的，小陈给裁缝倒水拿烟，然后说："你先缝补着，我有事出去一会儿，中午领你开饭。"说完便头也不回地走了。

黄公略临走时，把一份5师配合"挨户团"的"清剿"计划，故意藏在军裤里。

黄昏时分，黄公略回到营部。这时，裁缝师傅正收拾家什，要回去了。黄公略把裤子取到手上，顺便摸了一下裤袋，发现那张"清剿"计划并未丢失，便直截了当地说：

"5师和'挨户团'的绝密'清剿'计划，你抄好了，要送到游击队手里去吧？"

裁缝一时有些诧异，但仍镇静地说："什么计划？我不懂，我只管缝补衣服，还用什么计划？"

黄公略哈哈一笑："你袋子里装的什么？我说的是缝在衣服夹层里的东西。"

裁缝心里怦怦乱跳，开始东张西望，准备找家伙搏斗。

黄公略笑道："你既然来了，就不用害怕。你晓得盗书的故事吧？"

"听说过，听说过。"

"我也晓得你是游击队的侦探。"

裁缝觉得黄公略没有恶意，还要小陈守在门

口不让外人进来，便试探说："我发现你们下乡'清剿'，既不扰民，又不'清乡'，还故意丢子弹、撒传单。喏，这张传单就是在山路上发现的。"他从衣袋里取出那张"红军不要慌"的传单，指给黄公略看。

"我们的'清剿'计划呢？"黄公略问。

"我摘了些要点，作了改写，用了许多代号，一般人是看不出来的。即使被捕拷问，我也不会供出你来的，实说吧，我是区委派来摸你的情况的。"

黄公略很谨慎，只说："以后常来走走，有什么事情早点通通气。我们的防区主要在嘉义镇周围10里，如有游击队活动，在15里以外我们是不追击的。区委可以放到黄金洞、银河洞一带，那里，我们的3团也是鞭长莫及的！"

说罢，黄公略要小陈把裁缝护送出镇东的哨所。

经过多次来往，证实那裁缝就是区委书记涂正坤。他们也摸清了黄公略的身份，决心相互配合，伺机暴动。

提前发起平江暴动

1928年7月18日深夜，黄公略正要就寝，忽然门口传来一阵急促的敲门声。黄公略开门一看，发现是彭德怀的勤务兵李光，忙将他让进屋。

李光全身已被汗水湿透，神色慌张。黄公略一边关门，一边问："何事如此惊慌？"

"出事啦！"喘不过气来的李光一边回答，一边从大檐帽内的折边中取出一件折叠的信函，交给黄公略。

黄公略打开信函一看，顿觉事态严重。这是彭德怀写给他的一封密信，说南华安特委又遭破坏，特委负责人在长沙被捕，供出了特委机关和长沙的通信处。黄公略以随营学校名义给特委交通员写的通行证，在长沙通信处被查出，周磐认出是黄公略的笔迹，电告副师长李仲任立即逮捕黄公略。彭德怀等研究，决心暴动，具体事项由李光面告。

"暴动！只有暴动了。"黄公略说。

"对！彭团长他们研究决定22日暴动。"李光轻声地补充说，"彭团长说，只能略迟，不能提前。"

"好！22日。"黄公略一拳捶在桌子上。

距离22日暴动只有4天了，黄公略既兴奋又着急。他清楚自己来3营的时间短，工作基础还没有打好，暴动的困难很多。自己手下的3个连：10连士兵多数是军阀的家兵，成分复杂，且驻长寿街，不在身边，可以放弃；9连连长贺仲斌是湘乡同乡，为人老实，在士兵中威信很高，可以争取；11连连长何科生思想倾向革命，可以依靠，但是他们连里有一个排长是团长刘济人的侄儿，比较反动，外号"刘猩猩"，他可能会成为暴动的障碍；营部五六个人基本都是士兵会成员，大都可靠，尤其是上士军需贺新平，是贺国中从随营学校推荐过来的，是贺国中的堂兄，与黄公略关系密切。

第二天，黄公略召集士兵会成员和可靠军官开会，研究部署暴动问题。就在此时，侦察员前来报告，说是"挨户团"抓到3个"共匪"游击队员，正在下铺"挨户团"办公处刑讯拷打。黄公略听了，眼睛一亮，心想："天助我也！正要通知游击队商议协助暴动事宜，他们就来了，也省得再派人跑一趟了。"

于是，黄公略带着警卫人员，前呼后拥地来到"挨户团"办公处。刚跨进门，就听见屋里传来重重的皮鞭抽打声和兵士的辱骂声。黄公略带着人气势汹汹地闯了进去，只见"挨户团"的兵丁正在对3个被剥光衣服的男子用刑。站在旁边袖着手的班长，见国军的长官来了，赶忙迎上来，诉说这3个"共匪"如何被抓，说他们如何如何强硬，不肯招供。

"找你们杨主任来！"黄公略命令那个班长道。

"报告长官，杨主任到乡下去了。"班长回话。

"那好，把这3个共匪交给本官，我有办法叫他们开口。"黄公略说。

"挨户团"的人在正规军面前矮三分，那班长哪敢说半个"不"字？但他又担心在杨丹厚主任那里不好交代。于是支支吾吾地不知该怎样说才好。

黄公略不耐烦地喝道："带走！"

警卫人员一拥而上，架起这 3 个游击队员，大摇大摆地回营去了。

　　3 个游击队员只认得黄公略是省主席派下来"清剿"他们的国民党军官，但不知道黄公略是共产党员。不管黄公略怎么说，甚至拿出南华安特委介绍信，他们也不信。因为环境太险恶，斗争太残酷，他们见得多，上当受骗太多了。黄公略想到救人要紧，这里不是他们久留之地。

　　傍晚，黄公略对 11 连连长何科生耳语一番后，令他和传令兵把这 3 个游击队员带出去"毙"了。结果这 3 个游击队员被带到后山，何科生和传令兵就帮他们松了绑，朝天放了几枪后把他们给放了。

　　让黄公略未想到的是，暴动信息不但没有及时送出去，反而暴露了自己，不得已只好提前暴动了。

　　7 月 21 日，"放虎归山"的事被刘团长的侄儿告密了，"挨户团"杨主任也告到了刘团长那里，并派人来要那 3 个游击队员。刘团长即令黄公略去团部交代。黄公略知道此去必定凶多吉少，如回不来了，岂不误了大事。于是决定当日下午提前发起暴动。

黄昏前，黄公略把9连、11连的连排长召集到营部开会。他把椅子挡在门口，开会的人进得去出不来。

军官还未到齐，只见营部门外的地坪里，一队队的士兵在班长的带领下，先后开来了。一下子地坪里就站满了人。这是黄公略通过军需贺新平和士兵会的同志避开连排长，秘密串联班长发动起来的。黄公略向贺新平努努嘴，示意他去掌握部队。

正在此时，那个外号叫"刘猩猩"的反动排长也从后面赶了过来。他见贺新平在集合队伍，一面加以阻拦，一面跑去质问黄公略："那是什么人要调兵，有没有命令？"

黄公略故意装作不知道，不予理会，并把排长"刘猩猩"招进屋。这时，贺新平示意班长带头闹饷。一时间，地坪里闹哄哄的："黄营长出来，我们要发饷！""不发饷我们就回家去！""克扣军饷是喝兵血！""我家老母亲病了，等着要钱用！"队伍中有人哭泣，有人呼口号。

这时，黄公略示意在屋里的11连连长何科生在门口控制好屋里的连排长，自己走到闹饷的士兵面前，故意怒气冲冲地踢了贺新平一脚，凶狠地说："闹饷要杀头的，哪个要闹饷？举起手来！"

站在黄公略背后的贺新平，面对士兵，举起双手，并用眼神示意班长们举手。于是班长们一个个先后举起了手，士兵们也一个个跟着举起了手。

这时，黄公略转怒为笑地说："要得，要得！你们是真闹饷，还是假闹？真闹饷就跟我营长走，我想办法马上就发饷。"

这时屋里的军官也争吵了起来。排长"刘猩猩"要冲出来干预，何科生连长不让他出来，两人扯打了起来。这时，黄公略指着屋里的军官问士兵："你们连里的官长对你们好不好？"9连的士兵说："贺连长好！他从不打骂士兵。"11连的士兵听了，受了启发，七嘴八舌地说："我们连的刘排长不好，他欺压士兵，敲打士兵。""他要我们虚报损耗子弹，欺蒙上峰。"

黄公略顺水推舟，连忙说："好，把刘排长抓起来！"

这时，"刘猩猩"欲掏手枪顽抗。说时迟，那时快，站在他身边的传令兵迅速缴了他的枪，把他控制了起来。

黄公略把"刘猩猩"拉到队伍前，数落了他一番，目的是杀鸡给猴看，启发其他的连排长好生为人，对工农、对士兵要好。黄公略讲到这里，进一步发挥起来，说："我们来这里'剿'的是什么人？是工人农民。他们要革命，不是土匪。那些杀害工农，克扣士兵军饷的军阀、民团，才是该杀的反动派！"

提到军阀、民团，士兵们又叫嚷起来："'挨户团'对老百姓不好，他们在乡下敲诈勒索，还强奸妇女，无恶不作。"

"马上解散'挨户团'！"黄公略趁热打铁，发出了号令。

随即，何连长带领士兵们冲向"挨户团"的驻处。这时，"挨户团"的人正在开饭，一个个端着饭碗出来看热闹，不知这群"清乡"的正规军要干什么。当士兵们喝令他们不许动，枪架上的三十几支步枪被士兵们提走，杨丹厚被捆绑押解出来时，他们这才意识到自己被"国军"缴了械。

黄公略在"挨户团"门前发表了讲话。他说："3营的弟兄们，我们原来当的是国民革命军，为的是扶助农工，为工农谋福利。可是蒋介石背叛革命，到处屠杀工农，屠杀为工农求解放的共产党员。'刘猩猩'、杨丹厚就是这样的家伙。上司要我们来'清乡'，就是给国民党反动派当刽子手，而且只要我们卖命，不给发饷。我们不当国民党新军阀和土豪劣绅的狗腿子。我们反正，当红军去！"

黄公略接着说："我们3营暴动了，愿意跟我黄石的，就跟我当红军去，每人发6块钱饷。不愿意跟我走的，不勉强，也发给路费，回去做个好人，但必须留下枪支、弹药。"

"暴动！"

"暴动！"

"暴动万岁！"

"暴动万岁！"

也有人放下枪支，解下弹药带，走出队伍。

"叭、叭！"两声枪响，就地处决了"挨户团"主任杨丹厚和刘济人的侄儿"刘猩猩"。

这时，士兵们和围观的工农群众群情激昂，欢声雷动。黄公略带头取下了大檐帽上的青天白日帽徽。士兵们跟着也摘下帽子，将国民党军的帽徽踩在脚下，抛入泥塘。

黄公略随即布置人员剪断各处的电话线，每个街口加派4名哨兵，无论是谁，只准进，不准出，以封锁消息。

然后，黄公略带着卫队，把商会会长和镇上几个大店铺老板找来，向他们筹款。黄公略向他们晓明大义，说："在如此非常时期，希望会长及各位老板通情达理，借杯水车薪，解燃眉之急。"这几位镇上的财主早已被刚才的两声枪响震慑住了，哪敢说半个"不"字？很快筹得3000银圆，由组成的11人经济委员会掌管，为每个官兵发了6元。

暴动的枪声，把中共嘉义地下党区委书记涂正坤和他们领导的游击队吸引了过来。涂正坤带着游击队进镇后，迅即镇压了一批首恶分子和恶霸地主，没收其财产分给农民，建立区苏维埃政权，确保了暴动部队的安全和不走漏消息。还帮助部队继续筹款，发动工农群众送粮、送草鞋、做饭。同时，与黄公略一起共同研究了下一步的行动计划和赴平江会师的行动路线。

　　黄公略在21日下午率部发动起义成功后，7月22日下午，彭德怀率1团在平江成功暴动。当天晚上，黄公略与彭德怀在平江会合。7月24日，平江县工农兵苏维埃政府成立，平江起义部队改编为中国工农红军第5军，彭德怀任军长，滕代远任党代表，黄公略任第4团党代表。同时成立红5军军委，黄公略任委员。

转战湘鄂赣边

在游击中发展壮大

平江起义给国民党反动派以沉重打击，令湖南省主席鲁涤平如坐针毡。清乡督办署即令第一区代指挥官张辉瓒调集刘铏、朱耀华、戴岳等 4 个师的十几个团，分别从浏阳、长沙、岳州，进逼平江，并急电粤赣两省派兵"协击"，形成东南、西南、西北、东北四面包围的态势，企图将刚刚诞生的红 5 军消灭于襁褓之中。

红 5 军的 3 个团，实际上只有 3 个营的兵力，在来犯之敌大于自己十几倍的形势下，理应脱离城市，转向农村，建立革命根据地打游击。可是，这支由旧军队转变为工农红军的队伍，一开始就在战略上犯了一个错误：分散兵力，死守孤城。至1928年八九月间，外有强敌追击，内有叛徒投敌，软弱者动摇，怕苦者退缩，红5军人枪损失过半，生活十分艰苦，到了最困难和危险的境地。

黄公略率领的红4团，也因分散行动，与敌血战，约700人的队伍损失大半，所剩不到300人。8月，红4团番号撤销，改为军教导大队，黄公略任大队长兼党代表。

11月，敌军以20多个团的兵力，分别从湘东的平浏、鄂南的通城和赣西北的铜鼓一带，疯狂围攻红5军。湘鄂赣边特委和红5军在修水的台庄举行联席会议，决定红5军的下属大队与地方赤卫队混编成3个纵队，黄公略任第2纵队纵队长，带领所属部队留在平浏一带坚持游击战争，主力由红5军军委率领，向井冈山进军，与朱德、毛泽东率领的红4军取得联系。

黄公略率领红2纵队200多人，掩护红5军主力上井冈山后，就从九宫山辗转来到平浏交界的天子岗，进入浏阳仁和洞一带寻找中共浏阳县委领导的浏东游击队。

一天，浏东游击队在仁和洞附近活动时，突然发现山下来了一些穿国民党灰军装的兵。正在这里负责游击队工作的浏阳县委书记张启龙立即命令游击队进入战斗准备。可是，观察一阵后，发觉这些穿灰军装的兵不像敌人，他们进村不杀人、不烧房。于是，张启龙派人下山侦察，发现是黄公略率领的红2纵队。

黄公略和张启龙以前开会时见过面。张启龙赶忙带了几个游击队员，亲自下山去迎接黄公略。

黄公略一见张启龙，高兴得跳了起来，大喊："张书记呀，终于找到你们啦！找到组织可真不容易呀！"

张启龙伸出双臂，热情地和黄公略拥抱在一起，说道："欢迎欢迎！欢迎你们正规军加入我们游击队，那我们可是如虎添翼啊！"

黄公略的红2纵队到了仁和洞后，很快与当地的游击队进行了合编。合编后仍称红5军第2纵队，黄公略任纵队长，张启龙任党代表，下辖2个大队6个中队。

同地方党组织和游击队相结合，黄公略感到

如鱼得水。地方的同志具有丰富的游击战争经验，人地两熟，与当地群众有着良好的联系，使黄公略从心底里感到欣慰和羡慕。

到仁和洞的当天，张启龙就找了一套青布对襟布扣农民便装，送给了黄公略。黄公略脱下灰军装，穿上便装，模仿农民举止在屋里走来走去，问张启龙："书记，你看我现在像不像个农民？"

"不像。倒像个教书先生。"张启龙笑道。

黄公略哈哈大笑，说道："看来农民也不是那么好当的，还需要多多实践。"

张启龙若有所思地说道："纵队长，我看你最好还是改个名字。"

黄公略收起笑容，问道："为何要改名呢？"

张启龙一本正经地回答："这是一种斗争艺术。我现在用的名字叫张复生，是化名，我原名张启龙，是被反动派圈了名字的浏阳'十大暴徒'之一，浏阳四处都在悬赏抓我。"然后指着黄公略，继续说道："而你，更是敌人悬赏重金由1万升至10万要捉拿的共党要犯，为何不也来个隐姓埋名呢？"

黄公略连忙说："对！"然后在屋里踱着步，不一会儿就对张启龙说："我想好了，我化名田文。"

张启龙问道："为何叫田文？"

黄公略答："我名'黄石'，号'公略'，这4个字我是舍不得丢的。就把'略'字劈开，取偏旁'田'为姓，取右边'各'字的上半边'夂'为名，念'文'就行。"

张启龙说道："好！好！好！"

黄公略叹道："三人行，必有我师。你这两个主意里有学问啊！"

黄公略和游击队会师后，不仅真正把张启龙当成了老师，还虚心地向地方党组织和游击队的其他同志学习打游击的技巧和方法。尤其是和党代表张启龙更是形影不离，晚上也经常共一张床睡觉，有时聊起来不知不觉地就说到了天明。

一天夜里，张启龙就像讲《水浒传》里梁山好汉们三打祝家庄的故事那样，对黄公略说起了他们游击队三打张家坊的故事，令黄公略兴奋不已。他从张启龙如何指挥侦察，选定奇袭的时机和地点，游击队如何化装成割稻子的农民、娶新娘的迎亲队伍等巧妙安排中，学到了许多东西。

来到仁和洞不久，黄公略就和张启龙商量要寻找机会打一仗，一是检验一下红2纵队合编以后的战斗力，鼓舞士气；二是灭一灭敌人的嚣张气焰。黄公略在作战研究会上说：

"目前，新军阀正在混战，派来'围剿'我红5军的10多个团大部已经调离湘鄂赣地区，仅留下4个团，且驻地分散。沿溪桥是湘赣要道上的重镇，国民党军派了1个加强连驻守在这里。我们2纵队将近400人，与敌军驻守沿溪桥的兵力相比处于优势，我认为这正是我们拔掉这颗'钉子'的好机会，打掉沿溪桥守敌，震慑其他国民党军队。这样会更有利于发动东乡群众，建立苏维埃政权，实行武装割据。大家觉得如何？"

张启龙首先表示赞成，他说："我同意纵队长的意见。但需要注意的是，郭家亭子离沿溪桥只有不到20里的距离，那里还驻守有敌人1个连的兵力，仗打起来后他们肯定会赶来增援，我们必须速战速决。"

其他到会的同志也表示同意，攻打沿溪桥的方案确定了下来。

11 月 15 日午夜，黄公略任总指挥，率红 2 纵队 300 余人从仁和洞出发，16 日凌晨到达沿溪桥镇。按原定计划，分兵 3 路，一路由党代表张启龙带领，一路由大队长李实行带领，一路由县委交通员陈万福带领。经过不到 1 小时的战斗，沿溪桥国民党守敌全部被歼。

这是黄公略领导湘鄂赣边游击战的第一次胜仗，坚定了他打游击战的信心，也极大地鼓舞了游击区的军民。自此，敌人不敢贸然进犯。沿溪桥至仁和洞、大光洞、金坑、东瓜垛一带都在红 2 纵队控制之下，很快出现了欣欣向荣的革命景象。黄公略和张启龙等研究决定，把这里划定为浏阳县第一区。11 月 20 日，在仁和洞召开了浏阳县第一区第一次工农兵代表大会，正式成立了第一区苏维埃政府。

会上，黄公略激动地说：

"走工农武装割据的路，要靠武装，靠红军游击队。建立根据地，也要靠武装，靠红军游击队。

但是，没有根据地的武装，没有人民群众支持的武装，也是不能存在的。

"平江暴动后，由于没有窝，我们红军东奔西走，吃尽了苦头，结果有战死的、有逃跑的、有叛变的，红军人数越来越少。所以呀，没有窝，红军就没有隐身之地，也就不能藏出自如，就难以休息整理，就得不到兵员和物资的补充，这些都是连锁反应。带来的最终结果就是我们不能有效地同敌人周旋，也就无法战胜敌人。

"既然这个窝那么重要，而这个窝是泥脚杆子——农民为我们造的窝，自然就要十分地依靠他们。"

第一区苏维埃政府成立后不久，县内其他各区也相继成立了苏维埃政府。此后，黄公略又率领红2纵队，突袭万载县城，消灭靖卫团，镇压反动县长；奇袭铜鼓浏阳交界的排埠；组织群众发动了毛田、鲁家湾、老乌墩和金坑等暴动。

1929年4月，湘鄂赣特委召开扩大会议，黄公略参加了会议，被选为特委常委，并出任特委军委主任、军事部部长。会议决定，红5军第2

纵队扩编为湘鄂赣边境支队，黄公略任支队长。全支队人数迅速扩大到近千人。

这引起了湖南国民党军的恐慌。他们调集重兵对黄公略率领的边境支队所在的平浏一带大举进攻，实行惨无人道的"三光"政策，造成红军给养极度困难。尤其是进入冬季后，苏区粮食、药品、食盐等急需品几乎断绝，红军游击队和群众都处于饥寒交迫的境地。

一天，在白区（指国民党统治的区域）工作的于化民来到支队，见到黄公略时，他几乎认不出来了。只见黄公略在这大冬天里还穿着一件单衣，头发留得很长。因终日在密林中见不到太阳，脸色青白，整个人比过去瘦了许多。此情此景，让于化民忍不住流下了眼泪。

黄公略却笑着说："我们都成白面书生了。要演个古戏里的书生，都不用化装啰。"

"你看你那条裤子！"于化民痛心地说。

黄公略却很开心："我把灵活机动的战术用到裤子上了。在山里搞训练，躲避敌人，树枝挂，石头磨，衣裤哪里有不破的。裤子屁股处磨了两个洞，我就把裤脚剪下来补上，长裤就变成了短裤。"

于化民笑不出来，要脱自己身上穿的棉袄和长裤给黄公略穿，黄公略却死活不干。

在黄公略的带领下，红军游击队靠山上挖竹笋充饥，靠群众送来的少量红薯丝度日，终于渡过了难关。1929 年 8 月，彭德怀、滕代远率红 4 军第 5 纵队，打回湘鄂赣边地区，在平江黄金洞与黄公略率领的湘鄂赣边境支队会合了。两支部队合编后，仍称红 5 军，黄公略任副军长。

一天，彭德怀拿起一张敌人通缉黄公略的传单，对黄公略开玩笑说："黄石兄，你不用隐姓埋名了。"

"为什么？"黄公略问。

"你看你这个样子，像通缉传单上的黄石吗？"

原来那纸上印着的照片，还是黄公略在湖南上陆军讲武堂时的戎装照片。一副不见须发的清秀丰满的脸膛，崭新合体的军装，显得挺拔英俊，用左手提在胸前的指挥刀，更显得威武不凡。

可现在的"田文"，是个什么样子？本来瘦长的脸上，没有一点肉，满脸的胡须，头发长得几乎罩住了两只耳朵，身上穿的一件黑不黑蓝不蓝的老百姓便装，脚上的两只土布鞋前头已开了口。

"你说你像个什么？"彭德怀说。

"像个瘪三！鲁迅文章里说的。"黄公略自嘲。

"像，像！"彭德怀笑道。

"唉，可惜不能照相，要是照下来留作纪念才有味呢！"黄公略说。

"你不是个画家吗？自己画嘛！对着镜子画。"彭德怀朝着屋里喊："勤务兵，找块大镜子来！"

"哈哈哈哈！"两位老朋友同时大笑起来。

《论游击战术》出炉

沿溪桥之战后，黄公略和张启龙召开各大队长、中队长会议，决定在军事上改变集中打大仗的做法，采用"化整为零""向外发展"的策略，以中队为单位，分散各地打游击。

这年冬天，黄公略带领一个游击中队到山下

打游击。打听到牛石村有个富得流油的大财主，家有几个大粮仓，长工短工一大帮，还买了十几条枪，养了好几个家丁看家护院，欺压当地百姓，坏事干了一大堆。黄公略决定打这个土豪。

这一天大雪纷飞，黄公略带领中队官兵包围了土豪大院，迅速制服了带家伙的家丁，抓住了财主。黄公略动员村里群众开仓挑谷，可是许多群众不敢来，说是怕事后遭报复。黄公略决定先召开群众大会，批斗土豪，宣传共产党的政策，提高群众觉悟，然后开仓分谷。

批斗大会刚开始，哨兵跑来报告说，有国民党军一个连的人正向村里开来，离这里大约还有10里。黄公略考虑到我方人少，不能硬拼，于是押着土豪，迅速出村上了山。

敌人在村里扑了空，就顺着雪地里的脚印追上山来。怎样甩掉敌人呢？黄公略瞭望了一下此地的地形，心里立刻有了主意。这个村子四面环山，他决定拖住敌人围着村子在山上兜圈子。当他们绕了一圈后，选择了一条隐蔽的小路再次进入村子。踏上这条小路时，他命令中队长带队走在前，自己留在最后指挥几个战士用树枝把雪地上的脚印扫平。

敌人顺着脚印围着山路转了一圈又一圈时，发现自己是在原地转圈圈，搞不清是顺着游击队的脚印走呢，还是在复踏自己的脚印？大雪天怪冷的，敌人没发现红军游击队的踪影，只好带队回去了。黄公略回到牛石村继续召开群众大会，批斗了这个大财主，把谷米衣物分给当地群众，然后带领队伍浩浩荡荡地回到了仁和洞。

张启龙见黄公略一行肩背手提，满载着谷米、牛羊肉、腊肉、枪支、衣物等物品，人人都累得满头大汗，便问道："纵队长，你们这是去哪儿捡了这么大便宜？"

黄公略兴奋地描述了这次游击牛石的经过。当讲到在雪山上打圈圈，把敌人甩掉时，张启龙高兴得跳了起来，说："对，只要会打圈，就能会打仗。"

"对，只要会打圈，就能会打仗。"黄公略重复着张启龙的话，若有所思地点点头。

在此之前，黄公略曾想编写一本集各种游击

战法的教材，以提高红2纵队的整体素质，提高自己的带兵能力。自从来到仁和洞后，看到地方同志打游击得心应手，创造出许多游击妙法，联想到那本《黄石公三略》对他的启迪，黄公略对总结游击战术有着浓厚的兴趣。只是他感到自己的经验不够，没有着笔。

这天夜里，黄公略趁着与张启龙同居一室的时间，对张启龙说出了自己的想法，建议张启龙把游击战的经验写出来。张启龙对此很是赞成，不过，他又接着说："我书生一个，不懂军事术语，写起来会四不像的。应当你写，你这个全国最高军事学府的高材生，有理论，有经验，一定能写好。"

"不行啊！我实战经验还少……"黄公略谦虚地说道。

"我帮你，现在就开始。"张启龙再也按捺不住了。

这一夜，他俩就躺在床上，你一言我一语地凑着。大体都是从某年某月某日，到何处打游击，或做群众工作，遇到何种情况，如何处理、如何结局等，从具体战例中概括出战略战术来。

议了七八条后，黄公略怕记不住，便翻身起来点上桐油灯，在小本本上记了许多小题目：力避硬战，乘虚而打；彼集我散，彼散我集；昼伏夜出；化整为零；集零为整；既要会打圈，又要会打仗；敌人上山，我们出；狡兔三窟；钻山主义；白皮红心；敌中有我；政治瓦解和军事进攻结合；声东击西，形南实北；海陆空……

黄公略和张启龙经过几个不眠之夜，拟出了游击战法的纲目。黄公略再次对纲目进行了整理和归纳，终于将《论游击战术》书稿完成，后被油印成一本小册子，作为纵队军事训练教材。

书中游击战法的每一条都有具体的文字说明，并附有战例加以论证。如"化整为零"，就是敌人来"围剿"时，要"跳出包围，向外发展"。引用了远出丙子岭、高坪、大圣、牛石游击的战例。黄公略强调："要集小胜为大胜，即令只缴获敌人1支枪、1颗子弹也是胜利。"

有一天，黄公略把这本小册子拿给于化民，并征求他的意见。于化民翻开册子，看见那些非常有意思的小题目，就笑了，觉得怪有意思的。但对"海陆空"战法不理解，便问："纵队长，这'海陆空'是什么意思？"

"哈哈，阎王照镜子，连自己都不认识了？"黄公略很得意地点出，"是上次你给我汇报的呀！"

于化民一时丈二和尚摸不着头脑。

黄公略解释说："上次你汇报不是说游击队和当地组织、苏维埃政府、赤卫队、少先队、儿童团，一齐动手，用竹片在门板上写上标语，放到汨水河里，一直流进平江城吗？这就是'海'；深入敌后散发传单、张贴标语、画墙壁画等，这就是'陆'；用孔明灯把宣传品带上空中，顺风飘到白区去，这就是'空'。你还说这些办法很好，不久就有敌军士兵拖枪来当红军呢！"

于化民恍然大悟，大赞："纵队长总结得太好了。妙！妙！妙！"

《论游击战术》来源于游击实践，经过总结和提炼后，又能更好地指导游击战争。黄公略灵活地运用这些游击战法，带领红军游击队与敌作战数十次，取得了一次又一次的胜利。

整顿红6军

1930年1月，江西红军4个独立团和赣西南红军地方武装力量合编为中国工农红军第6军，下辖3个纵队，黄公略任军长，赣西南特委书记刘士奇任军委书记兼政委。2月7日，毛泽东在吉安陂头又召集红4军前委、赣西特委和红5、红6军军委联席会议。黄公略参加了这次会议。

黄公略在这次会议上第一次见到了毛泽东。当刘士奇向毛泽东介绍黄公略时，毛泽东开玩笑地说："鄙人以为你黄公略长有三头六臂哩！谁知你其貌不扬。这真是'君子不可貌相，海水不可斗量'哦！"

接着，毛泽东深深地吸了一口烟后，问旁边的朱云卿："听说拿破仑也是个矮子，是不是？"

朱云卿一时想不起来，黄公略代为答道："是的，还有点土里土气。"

毛泽东赞扬说："此人就不可小看，他很有本事！"

黄公略感到毛泽东亲切、随和、幽默、见多识广，且是地地道道的老乡，可谓遇到了真正的知音。

毛泽东用他浓重的乡音，在会上作了当前形势和党的任务的报告，结合赣西南的斗争实际，阐明了苏维埃的建设、红军的建设、土地分配、党的组织等问题。

毛泽东深入浅出的论述和极富幽默感的演说，让黄公略很是佩服。他十分赞同并积极支持毛泽东的主张，特别是听了毛泽东介绍在上杭古田召开的红4军党的第九次代表大会情况和《中国共产党红军第四军第九次代表大会决议案》（即古田会议决议）后，黄公略更加佩服毛泽东的马列主义水平和观察、分析、解决实际问题的能力。黄公略深深地认识到，古田会议明确红军必须置于中国共产党的绝对领导下，规定了红军的无产阶级性质和基本任务，确立了红军中政治工作的地位，强调必须对红军实行无产阶级的政治思想领导，他决定按古田会议精神改造红 6 军。

红 6 军下辖 3 个纵队，还有特委大队、红军医院和红军学校等直属单位，共 2600 多人。黄公略要抓的第一件事，就是着重从政治上建军。红 6 军虽然不乏强将精兵，但成分复杂，大部分出身工农，也有的来自绿林、军阀残部。部队普遍存在着农民意识、游击习气和地方观念；存在单纯的军事观点，不愿受约束，想当"山大王"，不愿受党的绝对领导；只顾扩大红军，只管打仗，认为农村根据地建设、土地革命是地方党的事等错误观念。

2 月中旬，红 6 军在永新召开了支队长以上干部会议。黄公略在会上阐述了武装斗争的重要性和为什么要组建、怎样建设红 6 军等问题。这是把红 6 军从分散的游击武装向集团的正规红军转变所迈出的坚实的第一步。

黄公略在红 6 军干部会议后不久，率领军直属队和第 1、第 3 纵队，由永新、莲花出发北上，在萍乡芦溪消灭敌军一个团，占领萍乡后，在安源进行短暂休整，着手整顿队伍。

芦溪一仗，缴获很多，但是第 1、第 3 纵队所得战利品不均，1纵队枪多人少，许多枪没有人背；3纵队人多枪少，还有不少士兵没有枪使用。黄公略决定让第1、第3纵队人枪互拨。可是两个纵队都不干。第1纵队的同志说："我们有枪可以扩兵。"第3纵队的同志说："我们有人可以缴枪。"黄公略并没有下命令强制他们执行，而是针对这一问题，召开会议进行讨论，向他们讲怎么才能顾大局，如何才能强整体的道理，强调红6军就是一个大整体，整体与局部之间、局部与局部之间应该是一种什么样的良好关系，帮助他们克服本位主义和小团体主义思想，要求纵队之间、支队之间相互帮助、团结协作、共同发展。通过讨论，第1、第3纵队的同志们思想通了，高高兴兴地进行了人和枪的调整，两个纵队的战斗力都得到了提高。

有一次，彭德怀来到军部驻地官田看望黄公略和红6军官兵，黄公略集合部队请彭德怀讲话。彭德怀见有的士兵衣着不整，有的敞胸披衣，有的还嬉笑打闹。彭德怀有些不悦，一开口就说："从现在起，你们就是主力红军的一部分了，所以必须提高军政素质，加强组织纪律性。如果像今天这个样子，兵不兵、民不民，随随便便，就有辱于主力红军的称号！……"黄公略决定抓住这一时机，对部队进行一次纪律整顿。

黄公略首先召集连以上军官开会，进行纪律教育，阐明军队严守纪律的重要性、具体要求以及养成方法，提出干部要带头做榜样，严格遵守群众纪律，紧密联系群众，争取得到群众的全力支持，强调要像和尚念"阿弥陀佛"那样，时时牢记"争取群众"和"俨然纪律"。另外，专门组织纪律巡查队，对士兵们的一日生活制度和军容风纪展开不定期巡视检查，对违纪者严加管教和惩罚，同时组织"守纪先进单位和个人"评比，在红6军形成了争先创优、你追我赶的生动局面。经过教育整顿，红6军的军政素质有了质的飞跃。

作为军长，黄公略十分注意以身作则，从小事做起，让官兵们向自己看齐。

刚当红6军军长那阵子，黄公略真是忙坏了，又要指挥打仗，又要搞整顿，还要帮群众分田分地，武装地方群众。他随身的传令兵高书官最了解军长的脾气，越忙越有劲，不知道休息，甚至会忘了吃饭。打起仗来，一天都不吃饭。小高端着饭盒追他走一天，黄公略也顾不上吃。

有一次，黄公略带领红6军3纵队来到兴国，一面开展游击战争，一面帮助群众分田分地。一连好些天，黄公略走东村、串西村，走东家、串西家，在湘鄂赣边打游击拖瘦的身子更显得瘦削了。小高看到军长累瘦了，心里着急。房东老表的母亲卢妈妈也看在眼里，急在心上。

一天，黄公略带着警卫员高书官正要外出时，听到卢妈妈养的母鸡"咯咯"地惨叫了几声。待黄公略与高书官回来后，卢妈妈笑眯眯地对小高说："我不在屋时，不知哪个老表给黄军长端来一钵鸡汤，麻烦你给军长端去。"

当天，黄公略正好与红6军3纵队纵队长徐彦刚同桌吃饭，小高刚把鸡汤端上桌，黄公略就问道："鸡是哪来的？"

"买的。"小高知道黄军长历来不收群众送的东西，只好撒了谎。

"钱是哪来的？"

"我省下的。"小高只好信口说道。

"你有多少钱省？每次你都说是省下的，你高书官开银行啦？就是省的也不行。"黄公略说完又问："从哪里买的？我去问。"

没想到黄军长寻根问底，小高一时答不上来。

"坦白从宽，抗拒从严。还不从实招来？"为了缓和气氛，徐彦刚纵队长幽默地说道，"我来猜猜，猜对了，你小高去赔钱，我来吃鸡；猜不着，我赔钱，鸡归你吃。"

"纵队长，我也正在猜谜呢！"委屈的小高把实情和盘托出。听小高这么一说，把黄公略和徐彦刚都感动了，觉得委屈了小高。

小高进而又判断说："这钵鸡汤一定是卢妈妈杀自家鸡做的，不是别人送的。"黄公略赞成小高的判断，并嘱咐小高到经理处领自己下月薪饷一块大洋，作为鸡钱给卢妈妈送了过去。

此时此刻，小高如释重负地说："军长，反正已经付过钱了，这只鸡你就和徐纵队长吃了吧！"

"好，我吃。"黄公略嘴里虽答应着，却端起那钵鸡汤走进连队厨房，把鸡和鸡汤全部倒进锅里，又操起锅铲将整只鸡铲成碎块。随后，黄公略在连队同士兵们一起吃了这顿饭。

当晚，徐彦刚和３纵队政委刘作述因工作来找黄公略，正逢黄军长聚精会神地在桐油灯下读一本兵书。见他们来了，黄公略急忙把书推到他们前面，说道："你们看书上这段话！"

刘作述顺着画了红线的一段话念道："夫将帅者，必与士卒同滋味而共安危，敌乃可加。故兵有全胜，敌有全因。昔者，良将之用兵，有馈箪醪者，使投诸河，与士卒同流而饮。夫一箪之醪，不能味一河之水，而三军之士思为致死者，以滋味之及己也。"

刘作述一边说，"有道理，有道理"，一边翻过去看书名，原来是兵法《黄石公三略》。

兵书上这段话是用古文写的，坐在一旁练字的警卫员小高听不懂，便问黄公略："军长，这段话是什么意思？"

黄公略循循善诱地解释说："这兵书上说，将帅须与士兵共甘苦，才能战胜敌人。并举例说从前有个善用兵的将军，有人赠他一竹筒酒，将军没有自己独饮，而是叫人把这筒酒倒进河水里，然后与士兵共饮含有酒味的河水。一竹筒酒虽不能使河水都有酒味，但全军将士却因此受到莫大鼓舞和激励，纷纷表示在作战时愿意跟随将军拼死而战。"

"我懂了。"小高点点头说。

接下来，黄公略又说："我们每次打仗都有成千上万群众前来支援，帮助我们搞交通、侦察、运输、向导。就是不能参战的老幼妇女也忙着送茶送饭、服侍伤员。群众为什么拥护和支持我们打仗？因为我们是为工农打仗，如果我们违背为工农的宗旨，我们就会失去群众。在外失去群众，在内失去士兵，我们就会打败仗。"

第二天，徐彦刚在3纵队大会上给大家讲了黄军长带头严守纪律之事。在故事的结尾，徐彦刚又讲了两件事：一是卢妈妈用黄军长付的鸡钱买来红布制成锦旗，请人写了"百战百胜"4个大字送给了红6军；一是当黄军长把鸡汤倒进连队的汤锅里后，他看到士兵喝汤时眼睛特别亮，那是泪水浸亮的眼睛，因为高兴，更因为感动。

徐彦刚说不下去了。

大家的眼眶也湿了。

百姓家里换神牌

1930 年 5 月初，红 6 军驻扎在赣西南地区的官田村，在黄公略的领导下，广泛发动群众，发展革命武装，组织开展了打土豪、分田地的群众运动，农民协会、妇女团、儿童团如雨后春笋般地建立起来，群众参与的热情空前高涨，人民群众沉浸在翻身得解放的喜悦之中。

一天，黄公略开完会回到驻地，抽出一点空闲时间，带领几个警卫人员在田坎边帮忙插界牌。

一块界牌上写着"孙婆婆"3 个大字。年近古稀的孙婆婆坐在地上，笑迎这一历史性时刻。世世代代上无片瓦、下无立锥之地的孙婆婆，从此有了自己的土地。6 岁的小孙女，围着奶奶跳着蹦着，嘴里不停地唱着"打倒列强，打倒列强，除军阀"！

孙婆婆原是一户 5 口之家，有儿子、儿媳、孙女和一个小儿子。大儿子是赤卫队队员，牺牲在第一次打吉安时的赤岗山。敌人后来反扑时，儿媳又惨遭杀害。小儿子参加红军，跟红4军走了，眼下只有一老一小在家。

村里这次平分土地，孙婆婆家分的田，原方案是分在很远的山顶上，因缺劳力无法耕种。黄公略知道后，作了一些调查，倾听了群众的意见，建议苏维埃乡政府分田要适当照顾孤寡残疾老幼和烈军属，尽可能地分给离家近的田地，以方便耕种。乡政府认为黄军长的意见很好，于是对分田的政策进行了修改，因此，孙婆婆得到了应有的照顾。

从这件事后，乡里村里的干部群众，遇到难解的事，都来找黄军长反映情况，商讨计策。

有一天，村里有个地主的小老婆，丈夫被镇压后，也来找黄军长要求分田。她说："我也是出身贫寒家庭，18岁就嫁给一个做银匠的手艺人。那个该死的地主看中了我的姿色，就打了鬼主意，勾引我的老公银匠师傅赌博，结果输得倾家荡产。银匠没办法，只好拿我去抵债，我就成了地主的小老婆。其实我也是个受害者啊！"

黄公略听了她的哭诉后，就要身边的同志出去调查。黄公略要求查清两个问题：一是她的身世是否属实；二是她本人帮没帮地主干过坏事。最后证实地主小老婆的自述是属实的，她本人为人善良，老实守法，不同情地主，没帮地主做过坏事。于是，黄公略大胆提出，分田的标准，男女老幼一样；反动派的家属，只要他们自己不反动，也可以分田。这样，苏维埃政府改变了一律不给反动派家属分田的政策，争取到了更多群众的拥护。

这个地主的小老婆分到了田，觉得苏维埃政府把她当人看待了，她跑到乡政府燃放鞭炮，朝着"苏维埃政府"的牌子磕了 3 个响头。

黄公略还亲自出面，请苏维埃政府作主，帮她与前夫银匠师傅复了婚，这对原来就恩爱的夫妻，高兴得不知怎么才能报答！于是夫妻俩一合计，由银匠师傅连夜精心打制了一个银帽徽，帽徽上面凸现出 4 个字"青天再现"，字字工整有力，第二天送给了黄军长。酷爱书法的黄军长虽然爱不释手，但这他不能接受，就把它钉到了乡苏维埃政府那块红漆牌子上。

这一切，让住在黄公略对面的私塾老先生全部看在了眼里。黄公略跟哪个行当的人都能谈得来，何况自己在家还教过几天私塾呢！这个私塾先生自然也成为黄军长的朋友。

就在银匠夫妇送银帽徽的那天傍晚，趁茶余饭后的工夫，私塾先生提着一根很长的竹筒烟袋走了过来。

私塾先生一坐下，就问："请教军长大人，你的这些锦囊妙计是哪里来的？"

黄公略还未来得及回话，门外就一阵风地跑来两个青年老表："军长，我们要参加红军！"

黄公略详细地问了他俩的情况，写了张条子给那两个要当红军的老表。

这时，一位 50 岁出头的妇人，有些畏缩地走进了屋，见屋里有人，更是欲言又止。坐在黄公略旁边的孙婆婆便问她："张家满娘，有什么事呀？"

张家满娘吞吞吐吐半天，才说出来："我家有两个儿子，年岁都不小了，就是讨不起老婆，娶不起亲哟！这事本不好找军长，不过，我想来试问试问，看军长有没有办法？"

黄公略觉得这个问题很有意思，便问起当地的婚俗，定亲送什么礼，迎亲有些什么规矩。在座的都异口同声叫苦，说现在娶亲太花钱了。黄公略表示："要改！革命也要把这些旧礼教革掉。"

正议论得热烈时，一个从小就靠乞讨长大的懒汉子，也来找军长，说分给他的田不要了。黄公略问他为什么不要了，他说："听王婆婆说，分田的那天日子不好，冲撞了土地神，种谷没得收的。"

是迷信，还是有人故意制造混乱？黄公略敏锐地察觉到这里面还存在重要问题。

当这些人一个个都满意地走了之后，私塾先生开玩笑地说："若信迷信，今日我最倒霉。我的问题都被他们一个个地冲撞了，本是最先提的问题却最后才回答。"

"老先生问的是？"

"我问你这些锦囊妙计是从哪里来的？"

"西天取经得来的。"黄公略故弄玄虚地说。

"不信！"

"不信？你知道西方有个马克思吗？"

"嗯，好像听村干部说过。"

"如今的世界上只有他有救世的药方。穷人要莫受穷，不受地主豪绅、国民党反动派、帝国主义的压迫剥削，只有革命，只有跟共产党走！"

"马克思说过地主的小老婆也可以分田吗？"私塾先生有些不解，古怪地问。

"哈哈哈！"黄公略大笑不止，"你这个老学究，死背'之乎者也'背惯了！这样吧，几句话说不明白，我先给你看一本书，你看完后我们再叙谈叙谈。"

黄公略送给了他一本《共产主义ABC》。

之后的几天，黄公略带领第1、第3纵队沿湘赣边北上，连克数座县城。当回到驻地官田时，他又见到了那位私塾先生。

先生热情地邀请黄公略到家喝茶。当一进他家堂屋时，发现变样了：先生家的家神换了。原来神龛上供的神牌"天地君亲师位"，如今换成了"马克思及诸革命先烈精神"。

黄公略又来到孙婆婆家。她家里神龛上的

"天地君亲师位"牌也不见了，同样换成了"马克思及诸革命先烈精神"。孙婆婆告诉军长说："我也懂了，这个马圣人和跟他走的人，才是救苦救难的真菩萨！我们村里家家户户都换了家神，都是对门先生写的牌位。"

这股风一下刮遍了赣江两岸。有些家的大门还像过年一样，红旗招展，彩灯高悬，大红对联贴在两旁。有写"前方打胜仗，后方扩红军"；有写"园无荒土，野无游民"；有写"夜不闭户，道不拾遗"。私塾先生摇头晃脑地说："尧天舜日，治平盛世，不想于今日见之。"

这时的赣西南，已是一片红色世界。时任国民党江西省政府主席兼第9路军总指挥鲁涤平给蒋介石所发电报中这样写道："赣西南的八十岁老翁到三岁小孩都是'共匪'。"反动队伍起了分化，许多在南昌的土豪劣绅跑回来，到苏维埃自首，还有的托人请求把家产一概捐出、要求回家的。30余县的红区是一片红色世界。

红区里，群众斗争非常活跃。开会示威，处决豪绅，都是群众司空见惯的事。开群众大会都要分区分乡开，否则找不到一个那么大的会场。《国际歌》《少年先锋歌》《红军歌》《暴动歌》，无论男女老幼，没有一个不会唱的。这里的城乡群众中流行着一句有趣的话："什么东西最贵？红布最贵。"因为人人都争着买红布做旗帜。

红6军所到之处，无不掀起一股红色的热浪，常常是万人欢迎。交通、侦察、运输、向导以至相关的军事工作，群众都热情参与。作战时，自动参战的群众总是成千上万。就是不能参战的老幼妇女，也忙着送茶送饭，服侍伤兵。可见鲁涤平说赣西南的3岁小孩至80岁老翁，都是"共匪"，一点也不假。

1930年2月，毛泽东、朱德率领红4军来到赣西南与黄公略领导的红6军会合。毛泽东一踏上赣水边的这片土地时，就真切地感触到了一派红红火火的革命气氛，甚为欣慰。当他听了黄公略的介绍后，更是兴奋不已。这年7月，在率领部队进军途中，毛泽东诗兴大发，哼出了一首脍炙人口的《蝶恋花·从汀州向长沙》：

六月天兵征腐恶，万丈长缨要把鲲鹏缚。

赣水那边红一角，偏师借重黄公略。

百万工农齐踊跃，席卷江西直捣湘和鄂。

国际悲歌歌一曲，狂飙为我从天落。

大仗打主攻

1930年6月18日，根据中央的指示，黄公略率领红6军来到永丰，他们将在这里与红4军和红12军会师，成立中国工农红军第一军团。这令黄公略异常兴奋，他集合起全军官兵，激动地宣布：

"同志们，我们红军就要大会合了！我们将在永丰城与红4军、红12军合编成红一军团。从今以后，我们就直接归朱总司令、毛总政委指挥啦！我们红军要打大仗了！会有更大的胜利了……"

红一军团成立后，黄公略领导的红6军不久改编为红一军团第3军。在樟树县城（今清江县）

召开前委会，毛泽东对当前的形势作了分析，决定改变"集中全国红军攻打中心城市"的冒险计划。不去进攻态势对我不利的南昌，也不去攻打难攻易逃的抚州之敌，而是西渡赣江，从汀州去长沙，会合红三军团。黄公略在会上积极赞同毛泽东不打南昌、挥师西进的正确主张。

7月下旬，彭德怀率红三军团进占长沙，8月初在湖南军阀何键优势兵力的反攻下被迫退出长沙。

8月18日，黄公略率领红3军到达万载县黄茅镇，他从侦察连连长抓回来的俘虏口中得知，红三军团已退出长沙，正向平江浏阳方向撤退。国民党军何键所部正追向浏阳，左路陈光中的第7旅已进驻东乡的永和、张坊一带，62师已进驻占港，右路15师戴斗垣旅已进驻文家市。

得到这一情报后，黄公略决定亲自去向朱德和毛泽东汇报。路上，意外巧遇老搭档张启龙。黄公略老远就喊道："党代表，你怎么在这里？到哪里去？"

张启龙迎上来说："听说毛委员来了，去找毛委员。"黄公略说:"我也是去找毛委员的,一路去吧!"

根据黄公略和张启龙的汇报和当面敌情,当晚红一军团召开高级领导会议,决定以消灭当面之敌为目的,发起突然袭击,歼灭文家市一带之敌。黄公略的红3军担任主攻,红4军为左翼,红12军为右翼,张启龙的湘东游击队负责截击敌增援部队。

黄公略一夜都没睡觉。红一军团第一次打大仗,朱毛就要他们打头阵,这是对他和红3军的高度信赖。

8月20日凌晨4时前,黄公略提前到达指定位置。接着第2纵队、第3纵队按时到达。快到发起进攻的时间了,还不见第1纵队到来。黄公略急得走来走去。

就在这时,第1纵队队长柯武东气喘吁吁地把队伍带来了。

黄公略劈头盖脸地把他批评了一顿。大家见此情景,料定这是一场不平常的硬仗,不能有半点疏忽。

战斗打响后，第1纵队不顾敌军机枪、迫击炮火力封锁，很快就夺下了九峰寺、棺材岭两个制高点。但是高升岭的守敌仍然在负隅顽抗，阻滞着第1、第2纵队的进攻。

柯武东请示黄公略："军长，怎么办？"

"不惜一切代价，一定要把它拿下来。"

柯武东随即组织200多人的突击队，自己带头向高升岭发起猛冲。

这时，黄公略也跟着部队冲了上来。柯武东一手把军长拖了下来，大喊："军长，你在下面坐镇指挥，冲锋的事就交给我们吧！"

当柯武东带着突击队冲到半山腰时，被敌人的机枪子弹击中。他推开救护他的同志，直喊："快冲，快冲！"柯武东终因伤势过重，光荣牺牲。

高升岭很快被拿下了，第1、第2纵队迅速潮水般冲了上来，敌人死的死、伤的伤，其余的像被赶的鸭子一样向文家市街拥去，第3纵队从五神岭杀向文家市之逃敌。红4军先头部队突破敌街区外围防御，直插街心。敌军全部被合围，敌旅长戴斗垣被击毙。

这一仗，只打了短短两三个小时，歼敌 3 个团又 1 个营，俘虏 1000 余人，缴获长短枪 1500 余支，机枪 27 挺，取得了红一军团成立以来的第一次重大胜利。1930 年 8 月 23 日，红一军团从文家市到达永和镇，与红三军团胜利会师，并于当日在石江村李家大屋举行联席会议，成立了中国工农红军第一方面军和总前敌委员会。朱德任方面军总司令，毛泽东任方面军总政委和总前委书记。黄公略为总前委委员，仍任红 3 军军长。

9 月中旬，红 3 军进驻醴陵。黄公略立即带领部队发动群众，恢复地方党团组织，建立苏维埃政权，组建赤卫队，特别是广泛开展筹款筹粮，大力扩红。

一天上午，部队召开万人大会。那些获得翻身解放的农民群众，打土豪、分田地的热情十分高涨，积极帮助筹款筹粮，踊跃报名参军。大会散了后，满怀激动的群众还是不愿离去。群众中有人高喊："我们要见黄军长！"

"我们要见黄军长！"全体群众跟着呐喊。

黄公略在湘鄂赣边打游击时，就在醴陵人民

心中留下了非常好的印象。他帮助组建了醴陵游击队，培养了一批骨干，与人民群众联系密切，醴陵人民很怀念他。

主持会议的宣传科科长杜平知道黄军长工作繁忙，难以抽身，醴陵又是白区，怕生意外，只好找借口推辞。可是群众就是不走。

正在屋里起草文件的黄公略听说后，激动地说："醴陵人民为中国革命作出了巨大贡献，我们依靠的就是人民，和群众见见面，有什么担心的！"

黄公略来到人群中。见到黄公略瘦弱的身子，不断有人问："这是黄军长吗？"又有人说："不像，黄军长不会是这样子！"人们想象中的黄公略是一个高大魁梧的将帅。

"乡亲们！我黄公略没什么好看的。"黄公略从人群中挤到会台上，第一句话就这样说，引得群众轻松地笑了起来。

黄公略接着说："我一个人浑身是铁，也打不了几根钉子。群众的力量才是最大的。我们穷人要过上好日子，只有靠自己，靠你们大家，靠全中国的老百姓。现在许多地方的老百姓都起来革命了，全国已经建立了十几块革命根据地。这些地方的老百姓，已过上了当家作主的日子了。你们大家要起来斗争，和恶霸地主斗，和土豪劣绅斗，和湖南的何键斗。我们全国的老百姓都抱成一团，就一定能够打垮蒋介石的国民党反动政府！……"

在场的群众听得欢欣鼓舞，掌声、欢笑声响个不停。黄公略离开会场时，无数群众紧紧跟在身后，一直把他送回军部，怎么劝都劝不走。

10月4日，黄公略带领红3军抵达吉水阜田一线，会同红12军向吉安城发起攻击。这是第9次攻打吉安，黄公略认真分析和研究了前8次未能攻克的经验教训，决定采取巧妙部署、声东击西、重点突破、内应外合的打法。战斗开始后，他深入前沿一线阵地指挥部队，经过激战，终于在当晚打下了吉安城。黄公略非常兴奋，入城后，立即召开群众大会。解放了的吉安城一片欢腾，游击队、赤卫队整排整连地补充到红军部队里来，扩大红军1万多人。红3军的第1、第2、第3纵队由此改编为第7、第8、第9师。

反"围剿"
屡建奇功

"牧娃诱牛"释疑惑

1930年10月，国民党军阀中原大战即将结束，蒋介石便开始调兵遣将"围剿"红军。25日，红一方面军在江西罗坊召开了总前委和江西省行委联席会议，研究如何粉碎敌人大举进攻的作战问题。黄公略参加了这次会议。

会上，围绕怎样打破强敌进攻问题进行了充分的讨论，红军中有的主张主动出击，到赣江西岸的白区去打，以免根据地内部受到损失；有的主张第一、第三军团分开打，在峡江两岸一带"夹江而阵"。毛泽东、朱德等领导人主张后撤，东渡赣江把敌人引到根据地内部来打，以逼着敌人分散兵力，迫使敌人犯错误。我军则可以依靠根据地人民对红军的积极支援，依靠老苏区群众和许多有利条件、选择有利地形和时机，以我之长攻敌之短，集中优势兵力，歼灭敌人有生力量，打破敌人的"围剿"。这就是诱敌深入的作战方针。

到会的有些人一时还理解不了诱敌深入的方针，特别是江西本地的干部，怕打破根据地的"坛坛罐罐"。有的湖南人有地方主义思想，不愿过江，主张"夹江而阵"。黄公略一面积极支持毛泽东和朱德的主张，一面帮助做他人的说服工作。

黄公略首先总结了打长沙的教训，然后说："目前情况是敌强我弱，到白区去攻坚，不仅红军自身的条件不具备，更重要的是群众基础没有了，给养补给也是大问题。把大举进攻的敌人引到根据地来打，敌人城堡的坚固工事就起不到作用了，也就好打了。"

经过黄公略的耐心讲解，那些领导同志最终接受了诱敌深入的作战方针。

黄公略从罗坊赶回部队驻地后，部队官兵在接受诱敌深入作战方针的问题上也存在很大分歧。

7师反映，有的士兵发牢骚说："这打的是什么鬼仗？敌人送上门来了，又不打，还后撤！"有的说："完啦，敌人要血洗我们家乡啦！"还有的表示："不撤！同敌人拼了！"

黄公略明白，红3军大部分是江西人，家在红色区域，把敌人放进来打，家里人可能又要吃苦了。敌人对红色区域老百姓的残酷无情，老表们是领略过的，也难怪士兵想不通。莫说是士兵，就是军官，以至军队和地方上相当一级的领导人，思想也是想不通的。

7师师部驻扎在一所乡村小学里。全师营以上军官集中在1间教室里，听黄军长传达罗坊会议精神。

黄公略走进教室，就感到气氛不对，不少干部无精打采。脸上不是怒气，就是愁眉苦脸。未等黄公略开口，下面就有人站起来提问："军长，这仗是怎么打的？"部下知道黄军长能听意见，对他说话都不用拐弯抹角。有人一开腔，其他人也跟着发起牢骚来。

黄公略凝视了大家好一阵，也没有说话。

见军长久久不开口，大家反倒静下来了。

黄公略突然冒了一句："你们放过牛吗？"

下面没有人回答，都以为自己听错了。你看看我，我瞧瞧你。

"嗯？"黄公略疑惑地看着大家。

"放过！放过！"才醒悟过来的人答道。

黄公略刚想开口说话，又背过身去。他捡起半支白粉笔，走到黑板前，一笔从头到尾，勾画出一头大水牛。

接着，又在牛头前面画出一个放牛娃，两手推着牛角斗牛玩。只听得下面发出了"嘻嘻""嘻嘻"的窃笑声。

黄公略转过身来说："我知道你们笑什么，笑这个放牛娃幼稚是不是？我小时候在家放牛的时候，就这么斗着牛玩过。一头大水牛重500多公斤，任我推也好、拖也好，它纹丝不动，把它斗火了，双角轻轻一抬，把我挑出去好远。

"你们不要以为我这个当军长的闲得没事，跟大家说笑话。其实我这里有文章，有战争理论，有军事学。我们当前的 10 万大敌，就好比这头大水牛，4 万红军就好比这个放牛娃娃。10：4，牛强娃弱，敌强我弱，怎么拼？你要硬拼，正好，这正是蒋介石所希望的。他大举进攻，想要速战，使红军深入白色区域，然后包围聚歼。"

"军长，照你说我们斗不赢，就只有退啰？"下面有人问。

"退就是为了赢。你们看！"黄公略转过身，又在黑板上画起来。他把放牛娃的两只手改画成双手捧着一把草，身后画着弯弯曲曲的路，路的终点画了一个大坑，坑上面用树枝草皮盖着。

"你们说，现在这头大水牛会不会跟着小娃娃走？"黄公略的手指沿着线路移动着。当手指到了大坑边时，他停顿了一下再说："大家注意，等牛到大坑边的时候，这个放牛娃突然把草丢在大坑盖上。你们说，会出现什么结果？"

下面没有人回答。因为这个答案太简单了，3 岁小孩都能说出。大家交头接耳，高兴地议论起来。

黄公略想把问题深入下去，接着说：

"有人不愿意抱这把草，不愿意走长路，硬要去顶牛的角，找亏吃。他们仍然要坚持打南昌、打九江。如果我们把蒋介石 10 万大军这头牛拖进大坑里消灭了，这不就等于实际进攻南昌、九江吗？敌人的主力在野外被消灭了，南昌、九江不是就不攻自破了吗？"

"军长，那个大坑在哪里？"干部们的兴趣来了。

"在根据地的中心，在天时地利人和诸条件都有利于我的地方。具体位置在哪里，此乃天机，不可泄露。你们听命令就是了。这叫'走路出胜利''胜利在脚上'。"黄公略幽默地说道。

"哗哗，哗哗！"课堂里爆发出一阵热烈的掌声。

"大家还有什么问题？"黄公略问。

"没有啦！"大家异口同声。

"没有啦？那好，我向大家提个问题。"黄公略突然说道。

"我的问题是：走路出胜利，这个路怎么走？

请大家在'走'字上做文章，怎么样？"黄公略循循善诱，"今天不要求大家回答，你们回去后，组织班排连讨论，发动大家献计献策。到时候我来取经。"

从这天以后，各营连排利用行军休息和宿营的时间，依葫芦画瓢地讲开了"牧娃诱牛"。有的还创造性地发挥，把"牧娃诱牛"编成莲花落，由宣传鼓动组在行军路边打着竹板，说给大家听；有的挂起了"牧娃诱牛图"，用看西洋镜的调子一边唱，一边指，喜闻乐见，通俗易懂。

思想通了，办法也就多了。士兵具有无穷的创造力，一个班三条五条、十条八条办法提了出来。

一天，黄公略到21团听营连长汇报。营连长们八仙过海，各显神通，从迟滞、消耗、疲惫、迷惑敌人等各个方面提出了几十条办法，有的还结合实战，说得有声有色。

可是，营连长们似乎发现军长对他们说的没有注意听，而是在埋头写文件。这样，说着说着大家也就没有劲头了。

"怎么？不说啦？"黄公略问大家。他忽然明白了，接着又解释说，"哦！这是我的老习惯了，一边听汇报，一边写东西。我可以听这件事，写那件事。不信，你们听，我已经把你们的好办法，都归纳出来了。我念念，听完了，你们继续补充。"

黄公略念道："诱敌深入方针好，一个'诱'字要记牢。真走东时假向西，敌向东追找不到。引敌钻入迷魂阵，打它一个不开窍。桥梁道路尽可断，真假地雷一起搞。坚壁清野要实行，粮食用品埋藏好。锅碗丢进水塘里，看你怎把饭来造。水边写上有'毒'字，你敢喝水算英豪。老弱妇幼疏散去，藏进深山保护好。组织赤卫少先队，也是有力两把刀。叫你耳聋眼也瞎，向导一个找不到。把你肥的拖个瘦，瘦的拖得动不了。主动权力在我手，全歼只等时机到。"

黄公略念完，营连长们报以热烈的掌声。

"办法是你们想的，请大家继续补充。"黄公略有些激动，继续说，"我要把你们的办法向毛总政委和朱总司令汇报，让全方面军都行动起来，做好'诱'这篇文章。"

施计活捉张辉瓒

1930年12月上旬，蒋介石亲自到南昌组织对中央苏区的进攻，共在江西集结了10余万人，排成800里的长蛇阵，由鲁涤平任总指挥。长蛇阵的中路是张辉瓒的第18师，他和谭道源的第50师是这次"围剿"红一方面军的主力军。张辉瓒自11月19日占领进驻永丰后，就龟缩在永丰县城，按兵不动。

为了诱敌深入，根据毛泽东的指示，黄公略率领第8师从永丰转移到了藤田。他们在此停留了好几天，就是不见张辉瓒跟来。黄公略派到永丰县城侦察敌情的侦察科长，至今也不见音信。黄公略在指挥部背着手来回踱步，焦急地思索着。

正在此时，门外有人大喊："军长，有消息了！有消息了！"

黄公略一听，是侦察科长的声音，他立马兴

奋起来。看着气喘吁吁的科长，说道："不慌，不慌！喝口水后慢慢说！"侦察科长边喝水边把自己侦察到的情况报告了军长，说张辉瓒的部队马上就要开拔向东固方向进攻。

黄公略得报后，命令警卫员高书官备马，火速向沙溪总司令部飞驰。

朱德、毛泽东正在商讨一个作战命令文稿。

"总司令、总政委，我们集中的地点得改！"黄公略一进门就急切地说。

"怎么？又有好计策？"朱德问。

"请坐，有高见慢慢道来。"毛泽东很喜欢听黄公略的意见。

黄公略把侦察科长在永丰侦察的情报说了一遍后，分析说："东固是我根据地的中心，鲁胖子的意图是想先占领东固，像一张纸一样，从中心突破一点，然后再向四周撕开，分进合击我各军。我认为在我根据地中，东固地区条件最好，我们没有必要避开，退到边沿地区集中，而应将计就计，把鲁胖子的主力张辉瓒师、谭道源师'欢迎'到东固一线来，先吃掉他的主力师。"

"改在东固、南垄、龙冈一带集中？"朱德点头道。

"对！"黄公略说。

"好主意！"毛泽东拍手同意。

"还有，张辉瓒实力雄厚，他的18师号称'铁军'，我们必须认真对待，多费些心思。他有个弱点，就是骄横跋扈，狂妄自大，又好大喜功。我们应助长他这个弱点。"

黄公略似乎有千条计似的，滔滔不绝。

"怎么助长法？"朱德很感兴趣。

"你们先叫罗炳辉军长来再说！"黄公略故意卖关子。因为他看到勤务兵已把炒好的辣椒端来了，还有沙溪的特产霉豆腐，该吃早饭了。

"好你个诡计多端的神人黄石公！你葫芦里卖的到底什么药？"毛泽东笑着说。

饭桌前，黄公略如此这般地把自己的计谋和盘托出，朱德和毛泽东都非常同意。

罗炳辉原来是黄公略手下的一员猛将，这年7月才从红3军第2纵队纵队长调任红12军军长。罗炳辉所部快速机动能力极强，被誉为"两脚骑兵"。因此，黄公略谋划此次作战计划时自然不会没有罗炳辉。当罗炳辉快马加鞭赶来时，毛泽东幽默地对他说："我们的常胜将军，今天要给你一个'打败仗'的任务。"

"嗬？打败仗还算任务？"罗炳辉笑着说。

毛泽东向罗炳辉说明了张辉瓒准备进攻东固的情况后说："我们要拖住张辉瓒，用打败仗的办法助长他的骄傲，叫他孤军深入。你这个原吉安八乡联防清乡大队长，对这一带情况最为熟悉，你的部队又都是这一带的人，你来充当这个'打败仗'的角色最为合适。"

"好主意！"罗炳辉说。

"这可不是我们的主意，是你的老上司黄军长出的刁计。"朱德说。

"打败仗也不容易，要装得像。记住哟：'只准打败，不准打胜！'这回就看你们两个的戏。"毛泽东对黄公略说，"你呢，就只准打胜，不准打败！"

"从藤田打起？"罗炳辉有主见地发问。

"英雄所见略同。你和黄军长想到一起了。黄

军长说藤田是贯通南北的要道，张辉瓒必定会从这里南进，他要你罗军长为张将军大开方便之门。"毛泽东说。

"还有，请总司令总政委批准，请罗军长冒我黄公略和红3军的名义。因为我知道我的脑壳对张辉瓒有吸引力。"黄公略说。

是的啊，蒋介石提出悬赏5万元缉拿朱德、毛泽东、黄公略、彭德怀等。

12月16日起，红一方面军全都改在东固、南垄、龙冈一带集中，准备出击敌人。

20日，张辉瓒进占东固时，却是一座空城，之前，还与先自己一步赶到的公秉藩的新5师（后改为28师）发生误战，造成一定损失。

至此，深入根据地腹地的敌军除张辉瓒第18师、公秉藩第28师，还有谭道源的第50师。靠红军主力最近的是谭道源的第50师。

红一方面军总前委在黄陂总司令部召开军事会议，黄公略发表意见："现在张辉瓒师已从东固向南垄、龙冈推进。谭道源向来老练持重，不会轻易与我较量；张辉瓒向来狂妄自大，喜欢抢头功，特别是在攻占东固问题上吃了公秉藩的暗亏后，恨不得一脚把公秉藩踢开，自己干。谭、张两相比较，我以为先吃掉张师为好。眼下时机难逢，乘其他'围剿'军尚未到达，将孤军深入的张师一举歼灭，既有把握，又能事半功倍。10万敌军就如被拦腰斩断的一条蛇一样完蛋。"

毛泽东认为黄公略的意见很好。会议经过充分酝酿后，决定先歼张辉瓒师。红3军和红12军为左路军，担任正面主攻，归总司令部直接指挥。总司令部随红3军行进。

晚上，朱德在拟发作战命令，黄公略和毛泽东坐在一旁谈话。朱德把写好的命令递给毛泽东看。毛泽东接过后又递给黄公略，说："还是请《黄石公三略》的真传弟子先看看。"

黄公略正在想问题，说："我还有个担心。如果东北的谭道源师和西边的公秉藩师都到了龙冈，怎么办？"

"割断他！"毛泽东说。

"对！我建议派适当兵力牵制谭师和公师，不让他们前进一步。按理说，谭、公会各图自保，不会相顾张师，也许是我多虑了。"

"不！不怕一万，只怕万一嘛！"毛泽东表示同意。

"对！你这接连三计提得好哇！不过最后这一计，我已经写在纸上了。"朱德指着稿子对黄公略说。

罗炳辉率领红35师从永丰的藤田出发，晓行夜宿，与敌人若即若离，边打边退。为了制造仓皇败退的假象，罗炳辉沿途命令战士们丢下一些杂物，如破枪、背包、旧衣服、烂草鞋、破斗笠、水壶、马灯、大刀等，还把子弹袋装满秸秆丢在路上。为了诱使敌人上当，罗炳辉甚至要求部队多做饭菜，把刚做好的雪白的大米饭和炖肉留给第18师。张辉瓒果然中计，看到红军沿途丢弃的物品，连现成的饭菜都顾不上吃，误以为红军在"狼狈"退却，于是穷追不舍。在罗炳辉的指挥下，红35师为张辉瓒师当了3天"向导"，逐步把敌人乖乖地引到了龙冈附近，进入了红军的预设阵地。12月29日上午，张辉瓒先头部队到了龙冈，后续部队正继续跟进。

30日上午8时许，张辉瓒第18师52旅由龙冈向东推进，先头的黄钟团行至五六公里的小别村前石拱桥时，与黄公略率领的红7师遭遇，龙冈战斗的序幕拉开。

黄钟团向红7师猛扑，红7师奋勇进击。接着敌李月峰团赶来加入战斗。敌人2个团凭借武器装备好，企图阻止实际上只有1个团兵力的红7师的进攻。

这时，红8、红9两师已从龙冈东北方向投入战斗，红12军从龙冈南侧向敌52旅左右后侧发起攻击。战局开始发生变化，敌52旅旅长戴岳急电张辉瓒派兵增援，并告知他的对手是黄公略。张辉瓒将指挥所转移至龙冈西侧高地，亲自指挥52旅、53旅4个团，继续发起猛攻。战斗十分紧张激烈，整个龙冈一片火海，山坡上连草皮都翻了过来，到处是枪炮声、喊杀声、厮杀声。

唯有毛泽东在附近的前线指挥所里，伴着枪炮声安然入睡。已是几天几夜没合眼的毛泽东告诉警卫员："你们听着，听到打炮、打机关枪，不要叫我。越是打得激烈，越不要叫我。如果黄军长来了，就立刻叫醒我。"言下之意是黄军长来了，那一定是战斗胜利了。

战到午后，红4军和红三军团奉命赶到，他们一部由龙冈北侧插到张家背，完全切断了龙冈与东固、富田之敌的联系，并从张辉瓒背后发起猛烈攻击。红三军团主力进到上固地区占领阵地，切断了敌军从西边方向增援和张辉瓒部向西南方向突围的道路。这样一来，张辉瓒师主力就被红军四面包围了。

下午4时许，总攻开始，被割断的敌52、53旅溃不成军。张辉瓒师部被压到龙冈附近的毛家坪、万功山一带。6时，敌18师阵地被突破，张辉瓒带警卫人员突围逃命。

这时的张辉瓒早已脱去将军服，穿着扣不拢的士兵棉衣，跑得气喘吁吁，两腿像灌了铅一样沉重。于是，躲进一个被山洪冲刷成的坑洼里，最后还是被搜山的红3军士兵抓到。黄公略得报抓到了张辉瓒，立即派人跑到总司令部报告朱德和毛泽东。

朱德和毛泽东兴冲冲地下了山，沿大路向龙冈走去，沿途听到很多同志高兴地嚷着："捉到张辉瓒啦！""前头捉到张辉瓒啦！"

黄公略见朱德和毛泽东走来，便迎了上去，陪着他们一起走到关押张辉瓒的龙冈大坪。见到张辉瓒，毛泽东立马叫人给张辉瓒松了绑，并要他一起坐在地上。

毛泽东看看胖得像猪的张辉瓒，又看看瘦弱的黄公略，便幽默地指着黄公略对张辉瓒说："你看这是谁呀？"

张辉瓒一愣，忙摇了摇头，说："不认识。"

毛泽东说："你这次就是败在他手下。"

张辉瓒问："是黄公略将军？"

毛泽东说："正是此人。"

张辉瓒连连说："久仰久仰！佩服佩服！"

黄公略插话说："我还得感谢你张将军呢！你追我两年多，逼得我长了不少见识。"

"有愧有愧！"张辉瓒又连连说。

反第一次大"围剿"胜利后，毛泽东诗兴盎然，挥笔写下了脍炙人口的著名诗篇《渔家傲·反第一次大"围剿"》：

万木霜天红烂漫，天兵怒气冲霄汉。

雾满龙冈千嶂暗，齐声唤，前头捉了张辉瓒。

二十万军齐入赣，风烟滚滚来天半。

唤起工农千百万，同心干，不周山下红旗乱。

军长试枪当教官

龙冈之战结束后，红3军缴获了许多从未见过的新式武器，红军战士背在身上，扛在肩上，拿在手中，都舍不得放下，左看右看，前摸后摸，兴奋得不得了。可是，他们却不知道如何使用，只能看着这些好东西干着急。

有个叫陈友良的班长，去俘虏营里叫来一个俘虏老兵，把一挺外国造的崭新轻机枪交给他，要他讲讲怎么使用。这个俘虏老兵是个老兵油子，知道红军的宽大政策，不会把他怎么样，便大摆架子说："这玩意是外国货，复杂得很呢！我学了一年才会摆弄，想三下两下就掌握它，红军同志你就莫做梦啦!"

班长陈友良生气地命令道:"你教不教?"

"红军不打骂俘虏,你想怎么样?"俘虏老兵不示弱,就是不去示范讲解。

这时,黄公略正好路过这里,问道:"你们吵什么?"

战士们围了上去,七嘴八舌,争着把刚才发生的事情讲给军长听。

黄公略看看班长提着的那挺轻机枪,又看看站在一旁的那个俘虏老兵,淡淡一笑,便对俘虏老兵说:"新同志,我来试试看,怎么样?请你指教啰!"那俘虏老兵还是傲气不减,他知道,红军的官越大越和气。

军长竟然在一个俘虏兵面前笑谈"请教",战士们立刻活跃了起来。他们知道黄军长是黄埔军校的高材生,不仅有军事指挥家的雄才大略,在具体战术、技术动作方面也是十分厉害的,今天都想见识见识。

黄公略从陈班长手里接过轻机枪,架在一个高坎上,说:"这是法国造,名字叫'哈奇克斯',

构造比较简单，性能却很好，打得很准。你们先看我打几个'点射'。"

黄公略选择一个山的死角，令班长布置几个兵进行警戒，并把缴获的 3 个钢盔挂在一棵小树上。这里，黄公略早已做好了射击准备，战士们站在军长的身后，有的眼睛盯着军长做动作，有的瞪大眼睛看着那 3 个钢盔。那俘虏老兵漫不经心地站在一旁。

随着"嗒嗒嗒! 嗒嗒嗒! 嗒嗒嗒"3 个快速点射，那挂在树上的 3 个钢盔，应声落地。

没有掌声，没有欢呼声，大家都惊呆了。

那个俘虏老兵傲劲没有了。但他认为会打枪的不一定懂枪; 懂枪的不一定会打枪。因此，他还不肯完全放下架子。

这时，黄公略进一步教大家，他一边拆卸，一边讲解，从机枪的构造、原理、特性、保养，到分解组合、组合分解，反复演练，然后，又叫几个战士轮流去操作，直到大家都学会。俘虏老兵站在一旁发愣了，特别是黄公略把这枪构造原理讲得那样简单明了，是他做不到的。他文化太浅，只是似

懂非懂地知道一些。

这时，士兵把3个打掉的钢盔捡了回来，大家一看，3个钢盔完好无损，不但没有弹洞，连皮也没擦着。大家问军长是怎样打下来的。

黄公略幽默地笑笑说："这钢盔，打仗是好东西。我们红军太穷，没有这玩意，不知白白死了多少同志。所以，我舍不得打坏它们。"

"那你是怎么打下来的呢？"大家又问。

"我用的是魔术，你们信不信？"黄公略故意卖关子。但心细的同志却发现了："啊！钢盔上的皮带都打断啦！"

这一发现，引得战士们一窝蜂地扑过来抢着钢盔看。

那个俘虏老兵低着头，愣住了！惊呆了！

黄公略从这件事中发现了新式武器多了不会用的问题，便组织战地训练队，集中各师参谋人员和部分优秀射手，突击训练，军长亲自到队辅导当教官。这样，通过逐级训练，部队很快就掌握了那些新式武器的使用方法。

从那以后，那个俘虏老兵自愿留下来当了红

军，并自告奋勇到战地训练队当小教员。他逢人就说："黄军长的军事技术真是太精通了！"

老母妻儿被"吊羊"

取得第一次反"围剿"胜利后，红一方面军开始了紧张的整训和筹款筹粮，以便迎击敌人更大规模的进攻。

1931年4月下旬的一天下午，黄公略兴致勃勃地登上龙冈镇北面的小山头，欣赏着乡村如画的美景，感叹："要是没有战争该多好啊！"

正在此时，身后突然有人喊"军长"。黄公略回头一看，见是警卫员高书官。

小高气喘吁吁，脸色阴沉，低声说道："给你看一样东西！"

"什么东西？"黄公略笑着问。

"你得先答应我，你看了后不要生气。"小高说。

"呵呵，条件还蛮苛刻。"黄公略仍轻松地说。

"不是我说的，是毛总政委交代的。"小高说。

黄公略听说是毛泽东交代的"不要生气"，就觉得事情有些严重，不免心里紧张起来，说："好！我不生气。"

小高递上两张报纸，并说："毛总政委说，这报纸是总部侦察员从敌占区弄来的，他要我带回给你，要你看了不要生气。"

黄公略接过报纸，摊开一看，是4月20日的《大公报》。有一则消息标题为《彭黄如何·黄叔即赴匪区》，标题下画了两道红杠。消息说："自彭德怀黄公略与赤匪朱毛发生意见后，即将妻子送至长沙交何键为质，表示投诚，协剿朱毛以交效。闻何键以此与影响甚大，曾军蒋请示，并遣湘鄂赣三省军事特派员黄汉湘（黄公略之叔）由湘赴萍乡视察匪情，并与彭黄代表接洽。昨日何应钦着鲁涤平已接黄氏由萍报告，于2日首途经汉来赣，接洽切实办法。"

"无耻！造谣！"黄公略骂道。

另一张报纸是《湖南国民日报》，是1个多月以前的，即2月24日的报纸。那上面有一篇600余字的文章，题目是：《彭德怀黄公略赶快率部来归》。文章说：

"黄公略既将母与妻子送来长沙，足见悔过情殷，投诚心切。现在三省大军已布置稳妥，水陆并进，分道合围。准备一鼓肃清，你们也当乘机赶快动作，协同消灭朱毛及其匪部，将功赎罪，以为你们彻底悔悟的证明。……黄公略送到长沙的老母妻子，现已妥为保护，优予待遇，你们不要悬念。你们家眷，也盼你们早日归来团聚，共享天伦之乐的幸福。以前种种，譬如昨日死。以后种种，譬如今日生。放下屠刀，立地成佛……"

看完，黄公略把报纸往地上一丢，右手一巴掌打在身边的一棵松树上，垂头靠在手臂上，伤心地说："她们坐班房了。"

识字不多的小高，不明白报纸上说的意思，就问军长："谁坐班房啦？"

"我的老娘，我的妻子，还有我应该已经出生的儿子，或许是女儿。"黄公略嘴角在颤动。

"敌人是'吊羊'，想逼你去投降。"小高说。

"是啊！可是报纸造谣说，是我把母亲妻儿送到长沙去作人质的，说我'悔过情殷，投诚心切'。还说我已派代表与何键、鲁涤平接洽好了。"

"敌人好恶毒哟！"小高愤愤地说。

"敌人不仅仅是在我背后捅了一刀，逼我动摇革命信念，且更毒辣的是挑拨我与朱总司令、毛总政委的关系，企图得到他们在战场上得不到的东西。"黄公略悲伤地说，眼眶湿润了。

"军长，别伤心，会有法子的。"小高安慰军长，自己却不觉也要掉泪了。

黄公略不由自主地坐在地上，低头望着西面那几座高山投到水中的倒影，好像自己那慈祥的老母、贤惠漂亮的爱妻、嗷嗷待哺的儿女就是那倒影。1930年年初，妻子刘玉英曾到赣西南部队驻地短住，他们一起度过了一段非常美好的时光。刘玉英与战士的关系非常亲密，经常帮战士们缝补衣服，做饭洗衣，打草鞋，战士们见到她，总是"嫂子，嫂子"地叫得清甜。当年10月，因要第一次反"围剿"，黄公略把已经有5个月身孕的妻子送回了老家。临别时，黄公略对爱妻说："孩子生下来后，不论男女，都叫'岁新'，迎接新生的岁月。"

忽然，一阵猛烈的风刮过江面，老母、妻子、儿女的影像在眼前消失了。黄公略若有所失，猛地站起来，面对西方，望着长沙，大声呼叫："老娘！儿子对不起您，让您老人家受苦了！玉英！我连累你们啦！"

小高在一旁哭出声来了。

晚上，细心的老炊事班长知道黄军长没有吃晚饭，就去问小高，得知原因后，就去看军长，说："跟你3年了，从没见你这样。嗨，这世道！"

第二天，苏区中央局在东固的万寿宫召开扩大会议，讨论第二次反"围剿"的战略方针问题。这已是第4次讨论了，前3次一直没有形成一致意见。在敌军20万对红军3万的悬殊情况下，有的领导提出"跑"的主张，也就是跑到根据地外去另找出路；有的领导提出"分"的主张，也就是分散兵力，使敌人包围落空。毛泽东和朱德则主张集中兵力，就地打破敌人"围剿"。由于意见不统一，毛泽东建议召开扩大会议，请各军长、政委参加，有关的团长政委也参加。他希望取得各军领导和基层干部的支持，尤其希望得到黄公略的支持。

黄公略在会议就要开始时才进门，令毛泽东非常着急。他看见黄公略一夜之间似乎又消瘦了些，神情憔悴，眼眶红肿，不觉为他难过起来。

黄公略坐在最后一排，立刻抛开心中杂念，认真听完毛泽东发表的意见和其他同志的争论。

大家谈完后，黄公略站起来说："敌人虽然有20万，但与第一次'围剿'一样，多是杂牌军，没有战斗力，他们不愿为蒋介石卖力，而且矛盾很大，指挥不一，许多士兵不愿打红军，又没有群众条件，地形不熟，给养运输困难。尤其是第一次'围剿'我们活捉了张辉瓒后，敌军官兵一提'剿共'，就谈虎色变。我们的有利条件很多。红军好，群众好，地形好，集中兵力，一次吃它一个师或两个师，是没问题的。只是初战要慎重，选择敌人弱点又关系全局的地方打。我同意毛总政委提出的先打第5路军的方案。"

大家知道黄公略精通韬略，他的话分量很重，毛泽东的作战方案顺利通过。

散会后，毛泽东叫黄公略留下。两人坐在一条长凳上，久久没有说话。毛泽东一个劲地猛抽烟。

"你放心吧！我会受得住的。"黄公略终于先开口了。

"我们要向上海党中央报告，设法营救老人家和你妻室儿女。"毛泽东坚决地说。

"恐怕好戏还在后头哟！"黄公略担心。

"为什么？"毛泽东问。

"那报纸上不是说，我的叔叔黄汉湘，他实际上是我的一个族兄，当了湘鄂赣三省军事特派员吗？他要演一出招安我的戏了，他不是上前台，就是在后台。"黄公略一向深谋远虑。

"那我们就一起上台，给历史留下一出好戏，怎样？"毛泽东开导说。

"好！"黄公略心里轻松多了。

毛泽东送黄公略出门，两人又站在门外，面对西方，凝视了许久。

"但愿他们平安无事！"毛泽东深情地说。

黄公略禁不住掉泪了！

飞将军自重霄入

1931年5月15日，黄公略率领红3军第8、第9师，从东固与银坑一带到达白云山西北的小水尾一带，按照作战命令，应于第二天凌晨在桥头冈一线，迎击由富田来的王金钰、公秉藩两师。

这是一次秘密行动，具体计划只有军长和政委知道。红军主力在东固山区隐蔽设伏已有25天，目的就是等王金钰的47师和公秉藩的28师脱离富田巩固阵地，歼敌于运动之中。从电台获悉，王金钰和公秉藩部终于脱离富田，向东固出发了。王金钰的47师沿观音崖、九寸岭向东固攻击前进，公秉藩的28师经中洞、桥头冈、山坑向东固进击。

已是夜深人静，黄公略伏在一张作战地图上，不停地寻找。他的目光在富田、固陂、中洞、桥头冈等几个地方反复移动。他知道，从富田、固陂到东固，中洞是必经之地，这里就像一个布袋口。他想，如果从桥头冈一线攻击，敌人从布袋口跑回去了怎么办？黄公略想直插中洞，堵住布袋口，以求全歼公秉藩师，可是要先敌到达中洞又有许多困难。据侦察，公秉藩部将于明日上午 10 时左右到达中洞、山坑，而红军到达中洞则要到明天中午。唯有避开大道，找出一条小路来，才能实现这一计划。就为了这个，黄公略在地图上找呀找，想找出一条捷径，可就是找不到。

"军长，毛总政委来了！"小高报告说。

黄公略立即起身相迎。毛泽东一跨进门就说："又熬夜啦？"

"总政委，明天从桥头冈一线攻击前进，恐怕有问题。"黄公略说出了自己的难题。

"好呀，你是想出奇兵！直插中洞，是不是？我们两个想到一起了。"毛泽东笑着说。

毛泽东这个时候来找黄公略，也正是被这件事所困扰。虽然一切部署妥当了，他还有些不放心，还在思考，要想个更好的办法歼灭敌人。

"从地图上看，没有小路可通中洞。"黄公略说。

"就是要从没有路中找出一条路来。如果地图上有，早就会被公秉藩控制了。"毛泽东看问题就是不一般。

"我们去附近找个老表问问怎么样？"黄公略说。

"要得，现在就去！"毛泽东同意。

黄公略和毛泽东出了军部，由警卫员提着马灯，穿过茂密的森林，爬上半山坡，在乐著春大伯家门前停了下来。敲门后，一位年逾古稀的老农民开了门，正好是乐大伯，他与黄公略军长熟悉。见军长和毛总政委半夜三更来找他，想必定有大事，忙请他们进屋。

"大爷，从这里到中洞有没有小路可走？"毛泽东一进门就请教道。

"有，这条大路的南边，过了三采就有一条小路，西走中洞，北走由坑和观音崖。"乐大伯说。

"大伯，走小路到中洞比走大路近多少？"黄公略有礼貌地问。

"要近小半天的路！"

"你老人家走过这条小路吗？"毛泽东和黄公略同时问道。

"走过。那年逃兵役，清早两个官兵追我。我抄小路，他们走大路，我走到中洞，老表才吃早饭，追兵到时，已快中午了。"

黄公略请乐大伯当向导带路，大伯欣然同意，随即同黄公略和毛泽东一同回到军部。

回到军部，黄公略和毛泽东来到地图前，毛泽东用红铅笔画出了从东固到中洞的小路，兴奋地对黄公略说："3 军改道，沿这条小路高速隐蔽前进，先敌占领中洞附近的制高点，隐蔽待敌。等敌通过中洞后，关门打狗！"

黄公略向部队下达命令，提前行动，连夜出发。在乐大伯的带引下，黄公略率红 3 军抄小路火速前进，天刚刚亮，部队就已赶到中洞南的一座高山边。这里重峦叠嶂，沟壑纵横，是个设伏的好地方。黄公略迅速部署兵力，埋伏待敌。黄公略高兴地对身边的参谋人员说："我们这次是出其不意、以逸待劳，等待着运输小队长公秉藩给我们送枪支弹药来啰!"

乐大伯带着黄公略爬上一座悬崖。黄公略举目望去,蓝天白云如在脚下,通往中洞、通往东固白云山的大道弯弯曲曲地盘旋在山谷之中。黄公略举起望远镜,在西面的大道上搜索着。上午 10 时许,只见公秉藩的人马慢吞吞地从中洞开出,沿大道向桥头冈方向蠕动。

当公秉藩部全部脱离中洞进入伏击圈时,黄公略一声令下,第 8、第 9 两师从高山上成战斗队形横压下来,犹如高山滚石,势不可当。正在用行军队形运动中的国民党军,遇到如此强大迅猛的侧面突袭,人人惊慌失措,失魂落魄,乱跑乱钻,没进行什么抵抗就缴了枪。被俘虏的官兵惊呼:"你们是从天上飞下来的呀!"

公秉藩也在化装逃命中被俘,假称自己是营部书记,被释放,还骗了红军 3 块光洋做路费。

黄公略大路不走走小路,又一次出奇制胜,为第二次反"围剿"的第一仗立下奇功,也为日后方面军主力长驱 700 里,最后粉碎敌人的第二次"围剿"创造了条件。蒋介石"步步为营,稳扎稳

打"的20万敌军，在15天中就土崩瓦解，全线败退。蒋介石气得要死，跑到南昌召开高级军事会议，大骂其部属无能，并且痛哭失声。

战后，毛泽东兴奋地写下了《渔家傲·反第二次大"围剿"》：

白云山头云欲立，白云山下呼声急，枯木朽株齐努力。枪林逼，飞将军自重霄入。

七百里驱十五日，赣水苍茫闽山碧，横扫千军如卷席。有人泣，为营步步嗟何及！

自此，黄公略又多了一个"飞将军"的名号。

大义灭亲为革命

1931年6月15日上午，在江西南城去洪门的路上，走着两个神情异常紧张的人。走在前面的一位穿西装、头戴礼帽、手持文明棍，他就是黄公略的大哥黄梅庄；走在后面的身着长袍、手提公文包的瘦高个儿，是黄公略的房族堂弟黄春生。

二人此行的任务是充当蒋介石的说客，去黎川、南丰一带劝降黄公略。公文包里装着1000块大洋兑换成的纸票子，包的底层秘密藏着蒋介石给黄公略的亲笔信，还有湘鄂赣"剿匪"总指挥部视察专员、黄公略远房叔叔黄汉湘给黄公略的信。

在洪门吃过午饭后，黄梅庄和黄春生继续赶路。再往南走了十几公里，终于来到了中央苏区边境。他们向从山坡上走下来的两名红军战士说，他们是黄公略的兄弟，特地从家乡赶来看望亲人的。经过盘问，二人被送到了黎川县城红三军团指挥部，交给了彭德怀。

彭德怀与黄梅庄早就认识。那是黄公略和彭德怀在湘军驻防湘乡、湘潭时，黄梅庄去看望黄公略，经黄公略介绍与彭德怀认识的。

这天晚上，彭德怀请黄梅庄吃饭，并故意让他猛喝酒，酒后吐真言，黄梅庄说出了他此行的真正目的。饭毕，安顿好二人后，彭德怀即将情况报告了总司令部。总司令部马上把这个消息转告了黄公略。

黄公略虽然从国民党的报纸上看到蒋介石委任黄汉湘当了"招抚"专员，早就料到黄汉湘会来或派人来劝降。但是，当真的听到从总司令部转来的消息时，黄公略仍是无比震惊。因为他们终于来了，而且来的不是别人，而是自己的亲大哥。

夜，已经很深了。黄公略已是几次提起笔，又几次放下了。他背着手，在屋子里急匆匆地走来走去。他的脑袋简直像一座快要爆发的火山，仇恨、愤怒、焦虑、痛苦、烦躁，一起在脑子里打斗着。

他仇恨的是蒋介石，一面10万、20万、30万地用重兵"围剿"红军，一面用造谣、要挟、招抚手段，企图分裂"朱、毛、彭、黄"，文武兼用，软硬兼施，狠毒至极。

他愤怒的是自己的亲大哥黄梅庄，竟然充当蒋介石的马前卒，想起到别人起不到的作用。真是罪该万死！尽管大哥黄梅庄对自己不好，对母亲不好，这些都是家事，大可不必计较。现在他是为敌人效劳，而且事关重大，关系国家前途和命运，这就绝非是两兄弟之间的纠纷了。黄公略自小忧国忧民，探求救国救民的道路，绝不会放弃一生的追求，去"投诚"国民党，"归顺"蒋介石。杀了黄梅庄，就断绝了蒋介石的希望。

但是，骨肉之情、手足之情也是难以割断的。黄梅庄再坏，终究是血缘亲兄，虽没有多少深情可以回顾，但也有些许情怀令小弟感激。如小时候在外闯了祸，大哥去赔礼；到外地上学，大哥陪送；完婚的时候，大哥尽力资助；投笔从戎后，大哥几次到部队来看望……这些，都令善良的黄公略感怀。把大哥杀了，自己心里就好受？何况老母妻子还在敌人手里，如果把大哥杀了，敌人拿老母妻子开刀报复怎么办？黄公略焦虑、痛苦、烦躁。

"不行！"黄公略停在桌前，自言自语地说，"在大事面前，怎能感情用事？这样不正中敌人的奸计吗？大哥来劝降，是他自己与人民为敌，在这个问题上，只有革命与反革命之分，没有同胞兄弟怜惜之情可言。你不仁，也莫怪我不义了，兄弟就此一刀两断，义无反顾。"黄公略越想越气，猛地一拳发泄在桌子上，两个土瓷碗被震得摔到了地下。

一直陪着黄公略的军参谋长陈奇涵宽慰军长，恳切地说："军长，夜深了，让我为你代笔作复吧！"

黄公略斩钉截铁地回答："这事非同小可，必须我自己来。"

黄公略在纸上拟写起电报稿："在红军的沉重打击下，蒋介石为挽救他的失败，采取了分裂红军的可耻阴谋，我黄公略坚信革命必定成功，对蒋介石不抱任何幻想，我义无反顾，与黄梅庄一刀两断！请求将黄梅庄处以死刑；将黄梅庄的口供印发各军，借此教育部队提高革命警惕。"

彭德怀派人将黄梅庄和黄春生关了起来，一关就是4天。其间，黄梅庄叫嚷着要见彭德怀，又叫嚷着放他出去找黄公略，但没有人理睬他。4天后的那天中午，黄梅庄被保卫部的人拉到校场坪处决。黄春生也被拉去"陪斩"，被当场吓晕，回到老家后大病了一场。

黄公略以革命利益为重，大义灭亲的事迹，很快就在红军中传开了，在整个红军中引起了很大轰动，大家都觉得黄军长很了不起，像他这样才叫真正的共产党员。

重兵伏击老营盘

1931 年 7 月初，蒋介石"御驾亲征"，担任"围剿"军总司令，调兵 30 万，开始第三次"围剿"。

可是，"围剿"军进入中央苏区后，像无头苍蝇似的瞎忙了 20 多天，也没找到红军主力。直到 7 月底，才发现红军主力集中到兴国地区。当敌军准备合围时，红军不顾疲劳，迅速撤离兴国，分头向闽西北发展。1 个月左右，红军主力又千里回师，从闽西北返回兴国地区，准备反攻。

在这段时间里，在敌军摸不清红军主力行踪的情况下，红军接连取得了莲塘、良村和黄陂 3 个战斗的胜利，歼敌 1 万余人。

9 月 6 日晚，红一方面军主力分头追击敌军，黄公略率领红3军经茶园岗，绕出长龙，进抵老营盘。因大水冲垮桥梁，部队被堵在老营盘、黄土坳、墩丘一线宿营。黄公略怕敌人逃跑，在来不及与总部联系的情况下，按计划进入老营盘阵地。

9月7日凌晨，红3军进入老营盘预伏阵地。当黄公略从战马上下来，登上山巅举起望远镜瞭望时，只见两侧群山矗立，连绵起伏。高明山巍然耸立，居高临下，是控制整个战区的要地。此山左接牛轭岭，右连野猪岭，一条山路由南向北，曲曲弯弯穿山而过，通往泰和。

黄公略对身边的参谋长陈奇涵说："只要堵住黄土坳，敌人插翅也难逃哟！"

陈奇涵也幽默地说："我们要让蒋介石在这里留下买路钱。"

黄公略决定将部队隐蔽在这里，待敌路过时，出其不意从侧后予以猛烈袭击。他迅速召集师级以上干部进行战斗部署，发出了出击命令。在大雾的掩护下，军部率第9师，和萧克率领的独立第5师占领高明山，正面出击。陈伯钧率领第7师悄悄埋伏在牛轭岭，打左翼。王如痴率领第8师插向野猪岭，打右翼，堵击高明山方向的援军。

凌晨5时许，敌人出现了，是蒋介石的主力部队蒋鼎文第9师，先头部队是其独立旅，跟在独立旅后面的是第26旅。当敌人全都进入伏击范围内时，黄公略下达进攻命令，红3军迅速冲下山去。此时，敌人还以为是游击队在骚扰，不以为然，显得若无其事的样子。当红军主力的枪弹、手榴弹雨点般倾泻而来时，敌人这才如遭晴天霹雳，一下子都被打蒙了！急忙仓促应战。

此时，红军从北、西、南三面全线发起猛烈攻击。蒋鼎文的独立旅，到底是蒋介石的嫡系精锐部队，一个个都像笼中困兽，拼命突围，顽固抵抗。

黄公略密切注视着战情，用最简单的语言下达命令："把敌人分段吃掉。"

被困在老营盘的敌人，在几面火力夹击下即刻被分割成数段。不一会儿工夫，独立旅被全部歼灭，跟在后面的敌26旅也被击溃。

当红3军顺势冲向黄土坳时，结果发现那里

还有蒋鼎文的第 25 旅。红军对敌人的情况不明了，冲在前面的红 8 师几乎与敌 25 旅遭遇。敌人对红军的情况也不了解，遭到突然进攻后，不敢应战，慌忙抢修工事，就地防御，双方相持到天黑。

晚上，黄公略率军部退到老营盘南的吃水子坑。在战斗取得重大胜利后又被强敌牵制的情况下，为得到总部的指示，黄公略写了份报告，派人连夜送到了总部。

第二天清早，朱总司令看到黄公略送来的报告，十分高兴地告诉毛总政委："黄公略又打了个大胜仗，歼灭了蒋鼎文的一个旅。"毛总政委听了也高兴地笑道："好！打得好！打得好啊！"

将军血洒六渡坳

1931 年 9 月 15 日，黄公略率领红 3 军第7、第 9 师，马不停蹄地从张家背覃子坑出发，遵照总部命令，由西向东转移，前往瑞金、石城、于都、宁都地区，清扫革命根据地内残存的白色据点和"土围子"，使根据地连成一片。

下午3时左右，黄公略率部到达东固六渡坳。当他随军部前进到山坳口附近时，忽然天空传来"嗡嗡"的飞机轰鸣声。不一会儿，3架敌机直向他们飞来，随后俯冲下来，在红军部队头顶做低空盘旋。蒋介石靠着洋人的势力，连日不断派飞机来轰炸。敌机欺负红军没有高射炮，冲得很低很低地来捕捉目标。

值班参谋即时发出警报，司号员吹响了报警号，部队官兵迅速钻进树林隐蔽起来。黄公略与军部其他首长就近躲进山坳口旁边的一间土房子里。

"蒋介石真威风呀！前方有30万大军，身边有美国、德国、英国的军事顾问，天上有意大利飞机，手中有德国的勃朗宁自动步枪和法国的哈奇克斯轻机枪。可是，还是打不过红军。"黄公略一边注视着敌机，一边和军部工作人员说话。

"报告军长，7师的队伍正在从罗坑那边开过来了，正在开阔地里，情况危急，怎么办？"值班参谋气喘吁吁地跑来报告。

　　黄公略二话没说就冲出了门。警卫员小高、小方急忙上前挡住："危险！军长。"

　　"一个师的安全更要紧！"黄公略推开小高、小方，冲到山坳口，立即命令7师就地隐蔽，嘴里不停地喊着："同志们卧倒，注意隐蔽！"同时，指挥机枪手对空射击。刹那间，浩浩荡荡的队伍，一下就隐没在茂密的茶树林中，大路上不见一个人影。

　　机枪手没打过飞机，捕捉不到目标。敌机毫无顾忌地往下俯冲，疯狂地扫射。黄公略气极了："向左，打提前量！""狠狠地打！"大声呼喊着，指挥机枪手射击。可是，仍然无效。

　　这时，只见黄公略一个箭步冲上去，要亲自抓过机枪射击。就在这一瞬间，天上敌机又是一阵雨点般的扫射。在场的红三军团政治部主任何长工急忙叫道："老黄快趴下！"但已来不及了。3颗罪恶的子弹，穿过黄公略左腋下。黄公略向前趔趄几步，尽力支撑起身子。小高追上去喊："你中弹了，军长！"黄公略忙用右手捂住左腋下。顿时，鲜血如注，透过灰色的旧军装，浸在手上，滴在山坡上。小高和值班参谋扶住军长。黄公略对值班参谋说："快！快组织所有的机枪一起打！"

当敌机在空中盘旋第3圈时，四面的机枪一齐射向空中，捕捉那黑色的妖魔鬼怪。3架敌机害怕了，迅速高高升起，朝南昌方向逃走了。

"嗡嗡"声没有了，黄公略昏了过去。

军医处的医务人员迅速赶来抢救。包扎好后，军医处救护队长挑选4名身强力壮的救护队员，把黄军长送往黄陂北的背田坳村的红3军军医处所在地进行抢救。

临走时，黄公略苏醒过来。他见陈奇涵和军部的同志围在身边，小高、小方直哭。他摆摆手，示意小高、小方不要哭。由于战斗转移紧迫，黄公略要大家继续开进，只要副官长郭天民留在他身边招呼就行。

临别时，陈奇涵问军长有什么吩咐。黄公略十分关心部队，十分关切战局，对陈奇涵说："你回去要好好整顿军队，做好充分准备。一、二、三次反'围剿'我们胜利了，但绝不可骄傲轻敌，要巩固和扩大红军，以争取中国的独立和解放，争取革命事业的最后胜利！"

"我记住了，请军长放心养伤。"陈奇涵说。

"还有，"黄公略继续说，"请你替我写封家信吧！家中的老母、妻子不知现在怎样了，还有个孩子，也不知是男是女，大概已有半岁了。请嘱咐妻子侍奉好老母，抚养好孩子，我对不起她们！"

"你家的地址是湖南湘乡什么地方？"

黄公略说："你写湘乡黄公略的家，哪一个都知道。"

黄公略躺在一副有布篷的竹竿担架上，被送到了背田坳村。军医处的院子是平房，下面是利用山边挖的两个窑洞。黄公略住在东边的窑洞里。担架一到，军医处医务主任戴济民立即对其进行抢救。

毛泽东听到这一不幸消息后，带着警卫人员由方石岭至张家背的路上赶来，他说："对黄公略同志要尽一切办法挽救。"

由于伤势过重，医务处医疗条件又极差，经抢救无效，黄公略于当天晚上 7 点 30 分，停止了呼吸，与世长辞。

一颗将星，过早地陨落了。

小高、小方哭得天昏地暗。

小高反复哭喊着一句话："军长呀！你太不顾及自己啦！只要稍微顾及自己一点，也是不会牺牲的呀！"

9月20日，红一方面军总部从方石岭、张家背、六渡坳，转移到兴国顶龙乡水头庄后，召开第三次反"围剿"胜利庆祝大会暨黄公略军长追悼大会。毛泽东和朱德都讲了话，对黄公略表示沉痛哀悼。毛泽东不止一次地对人说："黄公略同志政治、军事都很强，死得太可惜了！"

黄公略在全方面军和全苏区的群众中享有很高的威望，军民无论是男女老幼，都把"朱、毛、彭、黄"常挂嘴上。苏区军民为失去黄公略将军而痛心疾首，在苏区境内，各地都隆重地举行了黄公略军长追悼大会，以寄哀思。

1931年11月，中华苏维埃共和国临时中央政府为了纪念这位中国无产阶级的军事家、坚强的共产主义战士、中国工农红军和苏维埃运动的缔造者和组织者之一的黄公略，表彰他在组织和领导红军、开创革命根据地的伟大功绩，决定在中央苏区的红都瑞金叶坪广场和东固六渡坳，建立公略亭；红军步兵学校命名为公略步兵学校；特别划出吉安、吉水、泰和3个县内的部分红区域，共9个区，68个乡，成立公略县。

公略县成立的这天，又隆重地举行了黄公略军长追悼大会。大会主席台两侧高悬着一副毛泽东作的挽联："广州暴动不死，平江暴动不死，而今竟牺牲，堪恨大祸从天落；革命战争有功，游击战争有功，毕生何奋勇，好教后世继君来。"

尾声

　　黄公略牺牲后，因当时战事紧张，起初安葬在黄陂背田坳村西北的山上。后遵照黄公略遗嘱："把我埋在东固，我喜欢这里的山和水！"又被迁往东固。

　　新中国刚成立，东固人民为缅怀黄公略的伟绩，于1951年八一建军节这天建立了公略台，在祭文中，称黄公略是"在赣红军为阶级利益而战，能操必胜之权的将领"，"将军实为巨臂"，虽"不幸丧志以终""但精神不死""乡人追悼之意未泯，特建此台以纪之"。祭文后有一藏头挽联，为："公正的阶级斗争恨未与全国成功到如今享一统幸福""略定那土地经界喜重新分田共产且以此为三军将台"。

　　中共中央、中央人民政府和中央军委，十分

怀念对中国革命作出巨大贡献的黄公略将军，决定要寻找黄公略的遗骨，准备将骨灰安放八宝山。1964年，中华人民共和国内务部部长谢觉哉，亲自写信给黄公略当年的警卫员高书官，要他去江西寻找黄公略的遗骨。

高书官与公安部的技术人员、考古专家和军事博物馆的同志，一同来到东固。他们召集当地老人和知情人开了多次座谈会。根据群众提供的线索，高书官等人组织人力，在山上、在河边挖了数十天。坟址找到了，因为坟内挖到了安葬时高书官亲自放进去的两颗马牌手枪子弹，但骨骸却不见了。可能是当时的地下党或当地群众出于对黄公略将军的爱戴，怕国民党来毁坟，后来把坟墓给转移了，但谁转移的、转移到何处了，已无法搞清。

1983年，黄公略在湖南湘乡市桂花乡朝阳村高模冲的故居被湖南省人民政府公布为省级文物保护单位。1986年由政府拨款修复，杨尚昆题写了"黄公略同志故居"匾额，聂荣臻、王震、邓颖超、杨得志、张爱萍、李聚奎等为故居题词。

1994年，中央军委正式确认黄公略为中国人民解放军36位军事家之一。

1998年1月，黄公略100周年诞辰之际，湖南省湘乡市举行黄公略铜像揭幕仪式。

2009年9月，黄公略入选"100位为新中国成立作出突出贡献的英雄模范人物"之一。

青山不老，绿水长流。黄公略永远活在人民的心中！

后 记

"广州暴动不死，平江暴动不死，而今竟牺牲，堪恨大祸从天落；革命战争有功，游击战争有功，毕生何奋勇，好教后世继君来。"一代将星、中国当代军事家、为新中国成立作出突出贡献的英雄模范人物黄公略，就这么离开了我们，迄今已达89个年头。

黄公略一生历经数百场大战小战，从来没有带伤挂彩，却不幸遭到敌机袭击突然倒下牺牲，一颗耀眼的将星，就这么过早地陨落了。黄公略的一生虽然短暂，但却是革命的一生、英雄的一生、光辉的一生、光荣的一生。他不畏强暴、疾恶如仇、身先士卒、救国救民于水火之中的革命精神，将永远活在中国人民的心中。人们从曾与他一起战斗过的战友的追思文章中，从其牺牲之地东固人民的回忆中，从军史学家研究撰写的著作中，从文学家的文学作品中，从散落在其战斗过的湖南、江西两地的遗迹、遗物中，处处都可真切感知到他的存在，聆听到他的故事，铭记着他的英名。黄公略的精神是永恒的！随着时代的发展，我们更加怀念他！敬仰他！

本书是在前人研究成果和充分尊重史实的基础上，从黄公略平凡而伟大的一生中遴选了最典型、最具代表性的英雄事迹，结合中国革命发展历程和英雄烈士的人生经历编写完成的。力求用生动感人的英雄故事，向读者传递英雄烈士伟大的革命精神。在编写过程中，得到军事科学院军队政治工作研究院领导和机关的大力支持，赵一平、李博、邓礼峰、张明金、康月田、陈政举、潘宏等多位专家学者进行了审读，提出了宝贵的意见。

参考书目：《黄公略将军传》（马继善著／解放军出版社），《革命先烈的故事之二·黄公略的故事》（子言、乐萌主编／中共党史出版社），《赣水红霞：黄公略的故事》（金振林著／湖南人民出版社），《将军百战死》（金振林著／黑龙江人民出版社),《黄公略》(中共湘乡县委宣传部编辑/湖南人民出版社),《偏师借重黄公略》(谢秉忠、乐本坚、金振林执笔撰写/中共湘乡县委宣传部出版),《彭德怀传》(《彭德怀传》编写组编写/当代中国出版社)。

在此,谨向关心和提供帮助的各位领导、专家学者,以及上述书目作者、编辑致以最诚挚的谢意!

图书在版编目（CIP）数据

黄公略 / 军事科学院解放军党史军史研究中心
编著. --北京：学习出版社，2020.9（2021.5重印）
（中华先烈人物故事汇）
ISBN 978-7-5147-1006-9

Ⅰ.①黄…　Ⅱ.①军…　Ⅲ.①黄公略（1898-1931）—
传记　Ⅳ.①K825.2

中国版本图书馆CIP数据核字（2020）第148141号

黄公略
HUANG GONGLÜE
军事科学院解放军党史军史研究中心

责任编辑：刘玉芬　　　　　封面绘画：刘书移
技术编辑：周媛卿　朱宝娟　内文插图：韩新维
美术编辑：杨　洪

出版发行：**学习出版社**
　　　　　北京市东城区崇外大街11号新成文化大厦B座11层
　　　　　（100062）
　　　　　010-66063020　010-66061634　010-66061646
网　　址：http://www.xuexiph.cn
经　　销：新华书店
印　　刷：北京联兴盛业印刷股份有限公司

开　　本：787毫米×1092毫米　1/32
印　　张：6
字　　数：85千字
版次印次：2020年9月第1版　2021年5月第2次印刷

书　　号：ISBN 978-7-5147-1006-9
定　　价：23.00元

如有印装错误请与本社联系调换，电话：010-67081356